全国高等院校医学实验教学规划教材

健康评估实验指导

主　编　张　洪　余丽君
副主编　沈玉洁　邱丽清　张文广
编　委　（按姓氏笔画排序）
　　　　许仕超（广东医学院附属医院）
　　　　许振华（广东医学院护理学院）
　　　　孙晓晖（广东医学院护理学院）
　　　　严冰华（广东省人民医院）
　　　　李雪洁（广东医学院护理学院）
　　　　吴梅丽（广东医学院附属医院）
　　　　邱丽清（广东医学院附属医院）
　　　　邱锡坚（广东医学院附属医院）
　　　　余丽君（北京协和医学院护理学院）
　　　　沈玉洁（广东医学院医学教育研究所）
　　　　张文广（广东医学院附属医院）
　　　　张　洪（广东医学院护理学院）
　　　　蔡宏华（广东医学院附属医院）
绘　图　庄泽香（深圳市人民医院）

科学出版社
北　京

· 版权所有　侵权必究 ·

举报电话:010-64030229;010-64034315;13501151303(打假办)

内 容 简 介

　　本书涵盖了临床护理人员必须掌握的护理评估内容,包括绪论、体格检查、心电图检查、功能性健康型态评估、护理诊断及护理病历书写等内容。每项检查都有目的要求、实验方法、实验器材、实验时间、实验内容等。操作附有流程图、评分标准及实验报告。将实践教学与护理程序紧密联系,启发学生对临床护理问题的思考,强化学生临床知识和技能。

　　本书实用性较强,不仅可为在校护理中专、大专、本科学生学习使用,也可作为各级医院护理人员"三基"的参考用书。

图书在版编目(CIP)数据

健康评估实验指导 / 张洪,余丽君主编. —北京:科学出版社,2012.1
全国高等院校医学实验教学规划教材
ISBN 978-7-03-033351-3

Ⅰ. 健… Ⅱ. ①张… ②余… Ⅲ. 健康-评估-实验-医学院校-教学参考资料 Ⅳ. R471-33

中国版本图书馆 CIP 数据核字(2012)第 006274 号

责任编辑:周万灏 / 责任校对:鲁　素
责任印制:赵　博 / 封面设计:范璧合

版权所有,违者必究。未经本社许可,数字图书馆不得使用

科 学 出 版 社 出版
北京东黄城根北街 16 号
邮政编码:100717
http://www.sciencep.com

北京厚诚则铭印刷科技有限公司印刷
科学出版社发行　各地新华书店经销

*

2012 年 1 月第 一 版　　开本:787×1092　1/16
2025 年 1 月第六次印刷　　印张:8
字数:172 000

定价:35.00 元
(如有印装质量问题,我社负责调换)

《全国高等院校医学实验教学规划教材》编写指导委员会

主　　任　丁元林
副 主 任　施建明
委　　员　刘　仿　唐湘涓　吴　斌　李果明　黄培春
　　　　　苏汝好　唐焕文　贾振斌　庄海旗
总 策 划　刘　仿
秘　　书　徐美奕　林华胜　余海波

总　　序

随着21世纪经济与社会的发展，科学技术既向纵深发展、不断分化，又互相渗透、不断融合；同时，新兴学科与边缘学科的兴起、新技术的应用、信息量的剧增，对医学的发展产生了重大而深远的影响，这些必将促进医学教育的全面改革。实验教学作为高等教育的重要组成部分，是学生实践能力和创新能力培养的重要途径，其重要性已受到越来越广泛的关注。

目前，传统实验教学模式仍占主导地位，存在不少弊端和不足：以学科为基础构建的课程体系，忽略了生命科学的整体性、系统性；学科体系繁多，相互孤立，学科间联系不够；实验室分散，功能单一，设备重复购置，资源浪费，效率低下，调配困难；实验教学内容陈旧，手段落后，方式老化，实验内容以验证理论为主，缺少现代医学实验内容；医学生学习的积极性、主动性不强。这些明显滞后于现代医学的发展，影响教学质量，不利于大学生创新意识和实践能力的培训，难以培养出高素质、创新型的医学人才。如何改革传统的实验教学体系，培养具有创新精神、知识面广、动手能力强的新型医学人才，已成为当务之急。教育部、卫生部《关于加强医学教育工作，提高医学教育质量的若干意见》（教高〔2009〕4号）明确提出"高等学校要积极创新医学实践教学体系，加强实践能力培养平台的建设。积极推进实验内容和实验模式的改革，提高学生分析问题和解决问题的能力"，进一步明确了医学实验教学的重要性和改革的必要性。根据教育部文件精神，要对传统医学实验教学模式进行改革，最大限度地整合有限资源，优化重组教学实验室，依托相关学科优势，与学科建设相结合，构建开放共享的实验教学中心，力求突出和贯彻执行教育部提出的"三基"、"五性"和注重实用性的要求，以培养学生的探索精神、科学思维、实践能力和创新能力。构建新型的医学实验教学体系，要求我们从根本上改变实验教学依附于理论教学的观念，理论教学与实验教学要统筹协调，既有机结合又相对独立，建立起以能力培养为主线，分层次、多模块、相互衔接的实验教学体系。

以教学内容和课程体系改革为核心、培养高素质、创新型人才为目标，科学整合实验教学内容，打破既往学科框架，按新构建的科学体系，编写适合创新性实验教学体系的配套实验教材已显非常迫切。在科学出版社的大力支持下，《全国高等院校医学实验教学规划教材》编委会以广东医学院为主体，协同重庆医科大学、中山大学等全国33所高等医药院校相关专业的167名专家、教授共同编写了这套实验教学系列教材。全系列教材共26本，分别是《医学物理学实验》、《医用基础化学实验》、《医用有机化学实验》、《系统解剖学实验》、《医学机能学实验教程》、《病原生物学与医学免疫学实验》、《生物化学与分子生物学实验指导》、《病理学实习指南》、《计算机应用基础上机与学习指导》、《预防医学实习指导》、《卫生统计学实习指导》、《流行病学实习指导》、《临床营养学实习指导》、《营养与食品卫生学实习指导》、《毒理学基础实验指导》、《环境卫生与职业卫生学实习指导》、《健康评估实验指导》、《护理学基础实验指导》、《内科护理学实验指导》、《外科护理学实验指导》、《妇产科护理学实验指导》、《儿科护理学实验指导》、《药理学实验教程》、《药学实验指导》、《临床免疫学检验实验》、《核医学实验教程》。

本系列实验教学规划教材是按照教育部国家级实验教学示范中心的要求组织策划,根据专业培养要求,结合专家们多年实验教学经验,并在调研当前高校医药实验室建设的实际情况基础上编写而成,充分体现了各学科优势和专业特色,突出创新性。同时借鉴国外同类实验教材的编写模式,力求做到体系创新、理念创新。全套教材贯彻了先进的教育理念和教学指导思想,把握了各学科的总体框架和发展趋势,坚持了理论与实验结合、基础与临床结合、经典与现代结合、教学与科研结合,注重对学生探索精神、科学思维、实践能力的培养,我们深信这套教材必将成为精品。

本系列实验规划教材编写对象以本科、专科临床医学专业为主,兼顾预防、基础、口腔、麻醉、影像、药学、中药学、检验、护理、法医、心理、生物医学工程、卫生管理、医学信息等专业需求,涵盖全部医学生的医学实验教学。各层次学生可按照本专业培养特点和要求,通过对不同板块的必选实验项目和自选实验项目相结合修选实验课程学分。

由于医学实验教学模式尚存在地区和校际间的差异,加上我们的认识深度和编写水平有限,本系列教材在编写过程中难免存在偏颇之处,敬请广大医学教育专家谅解,欢迎同行们提出宝贵意见。

《全国高等院校医学实验教学规划教材》编写指导委员会
2010 年 6 月

前　言

　　2001年《健康评估》被正式纳入我国高等教育护理学专业规划教材体系，2002年第1版护理本科《健康评估》教材问世，并逐步取代了护理学专业沿用的临床医学专业《诊断学》教材，成为本科护理学专业学生的必修课程之一。

　　"健康评估"是一门实践性很强的学科，学习过程中学生应十分注重将课堂的理论知识转化为从事临床护理实践的能力，学会与人沟通和交流等技能。本辅导教材基于护理专业的培养目标编写而成，侧重临床知识和技能的应用性，重点描述各类检查的方法和操作步骤。内容简明扼要，切中要点，有明确的评估流程、复习掌握的重点，可作为护理专业学校和临床护士的参考书。

　　由于我们学识有限，不当之处请各位同仁惠于指正。衷心感谢！

　　最后，祝所有读者学习愉快，硕果累累！

张　洪
2011年6月

目　　录

第一章　绪论 ……………………………………………………………………（1）
　第一节　问诊 ……………………………………………………………………（1）
　第二节　护理体检的基本方法 …………………………………………………（8）
第二章　体格检查 ………………………………………………………………（12）
　第一节　一般状态及头颈部检查 ………………………………………………（12）
　第二节　正常胸廓及肺部检查 …………………………………………………（24）
　第三节　胸廓及肺部病理体征检查 ……………………………………………（31）
　第四节　正常心脏血管检查 ……………………………………………………（38）
　第五节　心脏血管病理体征检查 ………………………………………………（43）
　第六节　正常腹部检查 …………………………………………………………（51）
　第七节　腹部病理体征检查 ……………………………………………………（57）
　第八节　脊柱、四肢检查 ………………………………………………………（63）
　第九节　神经反射检查 …………………………………………………………（67）
　第十节　临床全身体格检查提纲及检查要点 …………………………………（73）
第三章　心电图检查 ……………………………………………………………（82）
　第一节　心电图机的操作 ………………………………………………………（82）
　第二节　正常心电图 ……………………………………………………………（85）
　第三节　心房肥大和心室肥大 …………………………………………………（89）
　第四节　心肌缺血和心肌梗死 …………………………………………………（94）
　第五节　心律失常（一） ………………………………………………………（97）
　第六节　心律失常（二） ………………………………………………………（101）
第四章　功能性健康型态评估 …………………………………………………（106）
第五章　护理诊断 ………………………………………………………………（111）
第六章　护理病历书写 …………………………………………………………（113）

第一章 绪 论

第一节 问 诊

【目的要求】

(1) 充分认识问诊的重要性,掌握问诊的主要内容与方法。
(2) 掌握问诊的方法和技巧。
(3) 逐步掌握护理诊断过程的思维方法。

【实验方法】

(1) 选择临床典型病例或 SP 病人(标准化病人),取得医护人员、病人及家属的配合。
(2) 教师示范,重点讲解问诊应注意的有关问题,掌握问诊的内容,学会体会问诊的方法和技巧。
(3) 学生 4~5 人一组,一人为主询问病史,其他学生做补充或问诊记录,教师进行指导。
(4) 将问诊资料系统整理,归纳出该病历的主诉、现病史、既往史、系统回顾、个人史、婚姻史、月经史和生育史、家族史等。

【实验器材】

学生自备隔离衣、隔离帽、听诊器、笔和本,以及问诊录像。

【实验时间】

3 学时。

【实验内容】

问诊是护士通过与患者或相关人员之间有目的的系统询问获取病人的有关健康资料,经过综合分析而做出临床判断的一种方法,是认识疾病的开始,也是诊断疾病的重要方法。

一、问诊的实验流程

问诊的实验流程见图 1-1-1。

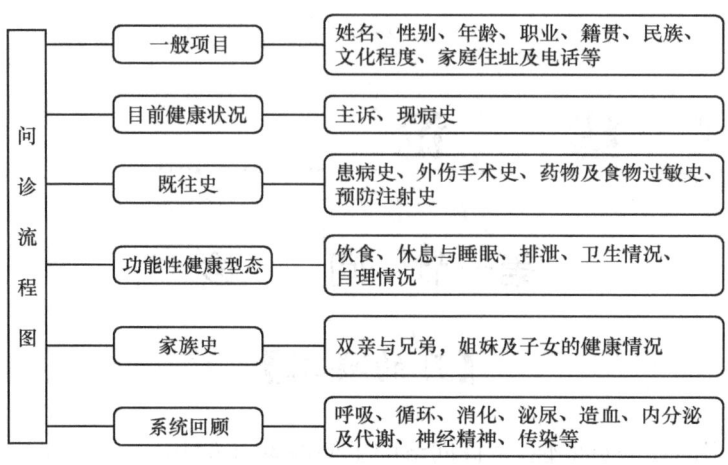

图 1-1-1 问诊流程

二、问诊前的准备和注意事项

1. 准备问诊提纲，选择合适的时间与环境

2. 仪表和礼节 询问者在接触患者时要做到衣冠整洁、文明礼貌、举止端庄、态度和蔼，视线、姿势、面部表情、语言等都要注意给患者留下友善感，使患者感到亲切温暖，值得信赖，避免患者产生担忧或恐惧。

3. 自我介绍，尽量给患者提供关心和帮助 问诊开始时，向病人问候并做自我介绍，说明自己的身份和问诊的目的。例如："我叫张三，是您的主管护士，您有什么要求、想法可以向我说明……"等。在问诊过程中应关注患者的疾苦及困扰患者的主要问题，积极为患者排忧解难。

4. 选择合适的称谓称呼患者 如××先生，××女士等，不宜直呼其名或床号。

三、问诊的方法与技巧

1. 问诊的对象 患者本人（最重要）、知情者（对危重患者或意识障碍的患者）、家长（小儿患者）、相关医护人员等。

2. 时间顺序 是指主诉和现病史中症状或体征出现的先后次序。询问者应问清症状开始的确切时间。根据时间顺序追溯症状的进展，这样可避免遗漏重要的资料。

3. 过渡语言 是指问诊时两个项目之间的转换语言。用了过渡性语言，患者就不会困惑你为什么要改变话题。例如，过渡到家族史："现在我想和你谈谈你的家族史，有些疾病有遗传倾向，为了获得一个尽可能完整的家谱，预测和治疗未来的疾病，我们需要了解这些情况。让我们先从你的父母开始吧，他们都健在吗？"

4. 问题类型

（1）一般问题：常用于问诊的开始，用一般的问话获得某一方面的大量资料。如"你今天哪里不舒服？"获得一些信息后，再有重点地追问具体问题。

（2）特殊问题：用于收集一些特定的有关细节。如"你何时开始腹痛呢？""你腹痛有多久了?"提出特殊问题要求获得的信息更有针对性。

为了系统有效地获得准确的资料,询问者应遵循从一般到特殊的提问进程。以下是从一般到特殊提问的各种例子。

护士:"请问你哪里不舒服。"(一般提问)

患者:"近两周,我的胃一直在痛,就这儿(指痛的地方),在肚脐的上方。"

护士:"请告诉我,你痛的情况。"(一般提问)

患者:"哦,太糟了。"

护士:"疼痛像什么样?"(直接提问)

患者:"烧灼样。"

护士:"痛在深处还是在表面?"(直接提问)

患者:"相当深。"

护士:"痛的部位有变动吗?"(直接提问)

患者:"没有"。

护士:"哪些情况使疼痛更厉害?"(直接提问)

患者:"进食后疼痛加重。"

护士:"哪些情况使疼痛减轻?"(直接提问)

患者:"空腹时"。

5. 小结和记录　在询问病史时,护士对患者每一项陈述应做全面而重点的记录小结。问诊大致结束时,尽可能有重点地重述一下病史让患者听,了解患者有无补充或纠正之处,以核实患者所述的病情或澄清所获信息。

6. 注意事项

(1) 语言要通俗易懂,避免医学术语如"里急后重"、"鼻衄"、"隐血"等。

(2) 要抓住重点,分清主次。

(3) 要实事求是,忌主观臆断。

(4) 避免暗示性套问。例如,对腹痛的患者不应直接问:"你腹痛时疼痛向右肩放射吗?",而应变换一种方式提问:"腹痛时,疼痛对别的部位有影响吗?"这样获取的病史就比较客观、真实。

(5) 鼓励患者提问。

(6) 注意保护患者的"隐私"。例如,泌尿生殖系统病史,问诊时声音要低,语言要婉转。

(7) 危重患者在进行扼要的询问和重点检查后,应立即进行抢救,待病情好转后再作详细的询问病史及其他检查,以免延误治疗。

(8) 其他医疗单位转来的病情介绍或病历应当给予足够的重视,但只能作为参考材料,必须亲自询问病史、检查作为诊断的依据。

(9) 问诊时间要掌握适当,一般不超过 40 分钟,但除了危重患者外,亦不应过于简短,或少于 10 分钟。

四、问诊的内容

问诊的要点包括:主要症状的起病情况(时间、诱因、缓急等),主要症状特征及演变、伴随症状、就诊与治疗情况、既往健康状况、家庭成员相关情况等。

（一）一般项目

一般项目包括患者姓名、性别、年龄、籍贯、出生地、民族、婚姻、通讯地址、电话号码、工作单位、职业、入院日期（急、重症应注明时刻）、记录日期、病史陈述者、可靠程度等。

注意事项：内容不能遗漏，书写不能含糊有误。如年龄应填写实足年龄，不应以"儿"或"成"代替。

（二）目前健康状况

1. 主诉　主诉为患者感受最主要的痛苦或最明显的症状或（和）体征，也就是本次就诊最主要的原因及其持续的时间。主诉要体现症状、部位、时间三要素。主诉应简明扼要，以简洁的语言来描述。如"多食、多饮、多尿1年"，"腹痛、腹泻、脓血便1天"，不应以方言土语来直接描述，如"肚子痛、拉肚子2天"等。主诉不能含糊不清，如"心里不舒服好几天"等。

通过主诉的描述，可初步估计患者所患的是哪一系统疾病及其缓急。例如：

主诉1　"反复咳嗽、咳痰20余年，心慌憋气20天"。首先考虑呼吸系统疾病。

主诉2　"活动后心慌气短5年，下肢水肿10天"。首先考虑循环系统疾病。

主诉3　"上腹部反复疼痛2年，伴呕血3小时"。首先考虑消化系统疾病。

主诉4　"尿急，尿频，尿痛3天，发热1天"。首先考虑泌尿系统疾病。

主诉5　"乏力、皮肤与黏膜紫癜2个月"。首先考虑血液系统疾病。

主诉6　"多饮、多尿、多食、消瘦1个月"。首先考虑代谢病。

主诉7　"头痛、眩晕、记忆力减退、肢体无力3天"。首先考虑神经系统疾病。

2. 现病史　现病史是病史中的主体部分，它记述患者患病后的全过程，即发生、发展、演变和诊治经过。主要内容有：起病情况与患病时间、主要症状特点、病因与诱因、病情的发展与演变、伴随症状、诊断治疗和护理经过等。

（1）起病情况与患病的时间：包括起病缓急、疾病的起因以及起病到就诊或入院的时间。时间长短可按数年、数月或数日计算；急骤起病者可按小时、分钟为计时单位。

（2）主要症状特点：包括主要症状出现的部位，性质（钝痛、锐痛、灼痛、胀痛、绞痛、隐痛），持续时间和程度，缓解或加剧因素等。如上腹痛多为胃、十二指肠或胰腺的疾病；右下腹急性腹痛多为阑尾炎症；全腹痛则提示病变广泛或腹膜受累。

（3）病因与诱因：尽可能地了解与本次发病有关的病因（如外伤、中毒、感染等）和诱因（如气候变化、环境改变、情绪、起居饮食失调等），有助于明确诊断与拟定治疗措施。

（4）病情的发展与演变：包括主要症状的变化或新症状的出现，都可视为病情的发展与演变。如有心绞痛史的患者本次发作疼痛加重而且持续时间较长时，则应考虑到急性心肌梗死的可能。如肝硬化患者出现表情、情绪和行为异常等新症状，可能是早期肝性脑病的表现。

（5）伴随症状：指与主要症状同时或随后出现的其他症状，常常是鉴别诊断的依据。例如，腹泻为多种病因的共同症状，单凭此症状不易作出诊断。若腹泻伴呕吐，则可能为饮食不洁或误食毒物引起的急性胃肠炎；若腹泻伴里急后重，结合季节可考虑痢疾。与鉴别诊断有关的阴性症状亦应询问以排除相关的疾病。

（6）诊治经过：此次就诊前曾在何时、何地做过哪些检查？诊断什么病？做过何种治疗？用药的名称、剂量、用法、效果如何？有无不良反应等。以上这些可作为诊断治疗的参考资料。

(7) 一般情况:简要了解患者起病后的精神状态、饮食、睡眠、体力状态、大小便等情况。这些情况对全面估计预后及制订辅助治疗措施十分有用。

(三) 既往史

既往史包括如下内容:①既往的健康状况及患过的疾病,重点了解与现在疾病有密切关系的疾病;②有无急、慢性传染病史,应注明具体患病日期,诊断及治疗情况;③外伤及手术史;④预防接种史;⑤有无中毒及药物(食物)过敏史。记录顺序一般按年月的先后排列。

(四) 功能性健康型态

1. 健康观念与健康管理 为维护或促进健康采用的方式及其对健康的影响;平日能否服从医护人员的健康指导;有无烟、酒嗜好及摄入量等。

2. 营养与代谢 询问日常食物和水分摄入的种类、性质、数量;有无饮食限制;有否特殊饮食习惯;近期体重变化及其原因等。

3. 排泄 询问每日排便与排尿的次数、数量、颜色、性状,有无异常改变及其诱因或影响因素,是否应用药物等。

4. 活动与运动 询问患者日常活动的自理能力及其功能水平,日常活动方式、活动量、活动能力及活动耐力等。

5. 休息与睡眠 询问睡眠状况如何、休息时间是否充足、有无影响休息的因素。

6. 认知与感知 有无听觉、视觉、味觉、嗅觉、语言能力等改变;视、听觉有否借助辅助工具;有无疼痛及其部位、性质、程度等。

7. 自我概念 如何看待自己,自我感觉良好抑或不良;有无焦虑、抑郁及其原因。

8. 角色与关系 职业、社会交往情况;角色适应及有无角色适应不良;与朋友关系是否密切,是否经常感到孤独;工作是否顺利;经济收入能否满足个人生活所需等。

9. 性与生殖 女性的婚姻史(未婚、已婚、离异、丧偶等),性别认同和性别角色、性生活满意度、有无改变或障碍;妊娠与生育次数,人工流产或自然流产的次数等。

月经记录格式如下:

$$\text{初潮年龄}\frac{\text{行经期(天)}}{\text{月经周期(天)}}\text{末次月经时间(或绝经年龄)}$$

如: $14\text{岁}\dfrac{3\sim 4\text{天}}{28\sim 30\text{天}}2011\text{年}3\text{月}24\text{日(或}50\text{岁)}$

10. 压力与应对 是否经常感到紧张,用什么方法解决;近期生活中有无重大改变等。

11. 价值与信念 有无宗教信仰等。

(五) 家族史

(1) 父母、兄弟、姐妹及子女健康状况。如已死亡,要问明死亡原因和年龄。

(2) 家族中有无传染病(如梅毒、结核、肝炎等),先天性疾病、遗传性疾病(如血友病、白化病等)或与遗传有关的疾病(如糖尿病、精神病、高血压病、冠心病等)。

(3) 必要时了解患者非直系亲属的健康状况,如血友病应追问外祖父、舅父及姨表兄弟等有无类似患者,可绘出家谱图。

（六）系统回顾

可在每个系统询问2至4个症状，如为阳性结果，再深入地询问该系统症状；如为阴性，一般说来可以过渡到下一个系统。各系统常见的症状：

1. **呼吸系统** 咳嗽、咳痰、咯血、胸痛、呼吸困难等。
2. **循环系统** 心悸、气促、发绀、心前区疼痛、端坐呼吸、血压增高、晕厥、下肢水肿等。
3. **消化系统** 食欲减退、吞咽困难、腹痛、腹泻、恶心、呕吐、呕血、便血、便秘、黄疸等。
4. **泌尿生殖系统** 尿频、尿急、尿痛、血尿、排尿困难、夜尿增多、颜面水肿、尿道或阴道异常分泌物等。
5. **内分泌系统与代谢** 多饮、多尿、多食、怕热、多汗、怕冷、乏力、显著肥胖或消瘦、色素沉着、闭经等。
6. **造血系统** 皮肤苍白、头昏眼花、乏力、皮肤出血点、瘀斑、淋巴结肿大、肝脾肿大等。
7. **肌肉骨骼系统** 疼痛、关节红肿、关节畸形、运动障碍、肌肉萎缩、肢体无力等。
8. **神经精神系统** 头痛、记忆力减退、语言障碍、感觉异常、瘫痪、惊厥、幻觉、妄想、定向力障碍、情绪异常等。

【思考题】

（1）说出问诊的主要内容及主要流程。
（2）说出主诉的概念，主要包括什么内容？
（3）说出现病史包含的内容。
（4）阅读以下现病史，写出主诉并予以分析。

患者，张某，男，60岁。近14年来，每年冬季出现咳嗽，咳少量白色黏痰，咳嗽与咳痰以晨起及睡前明显，痰量较多，气温转暖可自然缓解，未进行治疗。近9年来，上述症状加重，且每当"感冒"时，痰转为黄色脓性且痰量增多，每日约80ml，伴发热，体温达38℃左右，劳累时感胸闷、气喘。曾在当地社区门诊诊断为"支气管炎"，间断服"复方新诺明"、"氨茶碱"，严重时静脉滴注"青霉素"、"庆大霉素"可缓解。入院前2年，咳嗽日益加重，并出现活动后心悸、气短，夜间需高枕仰卧，尿少，下肢出现水肿。曾在我院门诊胸部摄片和心电图检查，诊断为"慢性支气管炎，阻塞性肺气肿，慢性肺源性心脏病"。7天前，再次受凉，发热最高达39℃，黄痰不易咳出，呼吸困难，不能平卧，上腹饱胀，尿量减少，每日约300ml，今日10时收住入院。近2周间断用利尿剂，未用过"洋地黄"、"激素"等药物。患者自发病以来，食欲差，大便正常，小便减少，睡眠欠佳，但无昼夜颠倒现象，无胸痛、咯血、盗汗等症。

以上病例可归纳要点为：①患者病史共14年，主要症状为咳嗽、咳痰，以冬季发作为主，且有逐渐加重趋势（可归纳为咳嗽、咳痰15年）；②近2年来，又增加了新症状，如活动后心悸、气短、夜间需高枕仰卧、尿少、下肢水肿，说明病情又有新的进展（可归纳为心悸、下肢水肿2年余）；③促使患者就医的最直接原因是近7天来上述症状加重（可归纳为加重7天）。

主诉：咳嗽、咳痰14年，心悸、下肢水肿2年，加重7天。

附 表 一

问诊实验报告

一、基本资料

科别_____ 病区_____ 病室_____ 床号_____ 住院号_____
姓名_____ 性别_____ 年龄_____ 籍贯_____ 出生地_____
民族_____ 婚姻_____ 职业_____ 文化程度_____
工作单位_____ 医疗费用支付形式_____
病史叙述者_____ 可靠程度_____ 电话号码_____
家庭住址或通讯地址_____
入院方式：步行 扶行 轮椅 平车　　入院处置：更衣 沐浴 剪指甲 未处置
入院诊断：_____

二、简要病史

1. 主诉：_____
2. 现病史：_____
_____
_____
_____
_____
_____

3. 既往史：_____
_____

4. 功能性健康型态：_____
_____
_____
_____

5. 家族史：_____
_____

6. 系统回顾：_____
_____

（广东医学院护理学院　张　洪）

第二节　护理体检的基本方法

【目的要求】

（1）熟练准备体格检查常用的器具及用品。
（2）熟练运用浅部触诊和深部触诊的手法进行检查。
（3）熟练运用间接叩诊法进行检查，能够区别常见的正常叩诊音。
（4）熟悉听诊器的结构，能运用听诊器进行听诊。

【实验方法】

（1）播映相关视频。
（2）教师以一位同学作为示范，重点示教视诊、触诊、叩诊、听诊的检查方法。
（3）学生以三人为一组，一人为检查者，一人为被检查者，一人为纠正员，三人交替练习。
（4）教师巡回指导，实验结束前随机抽取一名学生进行视、触、叩、听检查，同学及教师给予纠正和指导。

【实验器材】

听诊器、视频资料。

【实验时间】

3学时。

【实验内容】

一、护理体检的基本方法

护理体检的基本方法，见图1-2-1。

(一) 视诊

1. 直接观察法　直接观察法是护士以眼睛观察病人全身或局部状态有无异常的检查方法。观察内容包括：
（1）全身一般状态：年龄、发育、营养、意识、面容、表情、体位、步态等。
（2）局部视诊：皮肤、黏膜颜色、头颅、胸廓、腹部、骨骼、关节外形等。

2. 间接观察法　特殊部位的视诊需借助某些仪器如耳镜、鼻镜、检眼镜及内镜进行检查。

(二) 触诊

触诊是护士通过手与被检查部位接触后的感觉，或观察病人的反应判断身体某部有无异常的检查方法。手指指腹对触觉较为敏感,掌指关节的掌面对震动较为敏感,手背皮肤对温度较为敏感。

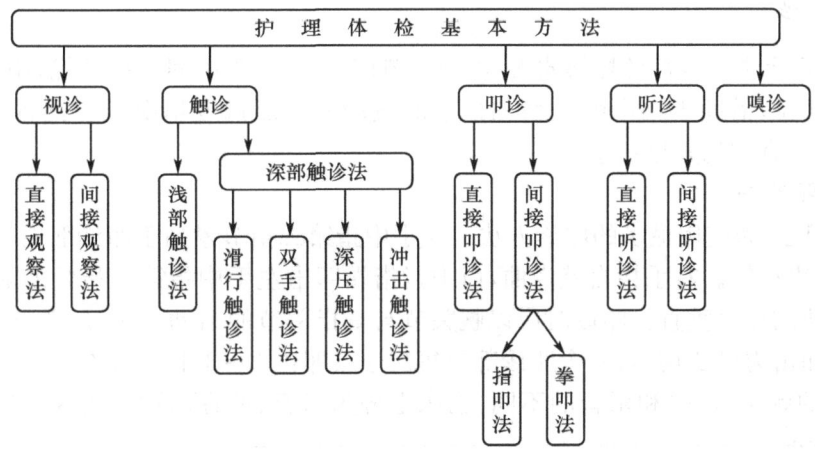

图 1-2-1　护理体检的基本方法

1. 浅部触诊法　以四指并拢的方式轻触受检者体表,深度约为 1cm,以逆时针旋转按摩的方式移动,主要用于体壁浅表部位的检查和评估,如关节、软组织、浅部动脉、静脉、神经等。

2. 深部触诊法　四指并拢,由浅入深,逐渐加压以达到深部触诊的目的。施较大压力将受检者体表压下 2cm 以上,有时可达 4～5cm,主要感觉体腔内器官的外形、表面、硬度及移动度等,可分为以下几种:

（1）深度滑行触诊法:受检者腹肌尽量放松,检查者以并拢的四指在触及的脏器或包块上作上、下、左、右的滑动触摸。此法常用于腹腔深部包块和胃肠病变的检查。

（2）双手触诊法:将左手掌置于被检查脏器或包块的背后部,并将被检查部位推向右手方向,使被检查的脏器或包块位于双手之间,以利右手触诊。此法多用于肝、脾、肾及腹部肿物的触诊,如图 1-2-2 所示。

图 1-2-2　双手触诊法

（3）深压触诊法:用一个或两个并拢的手指逐渐深压腹部被检查部位达 4～5cm,以探测压痛点,如阑尾压痛点、胆囊压痛点等。在深压基础上迅速将手抬起可检查反跳痛。

（4）冲击触诊法:又称浮沉触诊法。检查时,右手并拢的示、中、环三个手指取 70°～90°,做迅速而有力的冲击动作。此法用于病人有大量腹水症状时的肝、脾的触诊,如图 1-2-3 所示。

注:冲击触诊法会使病人感到不适,操

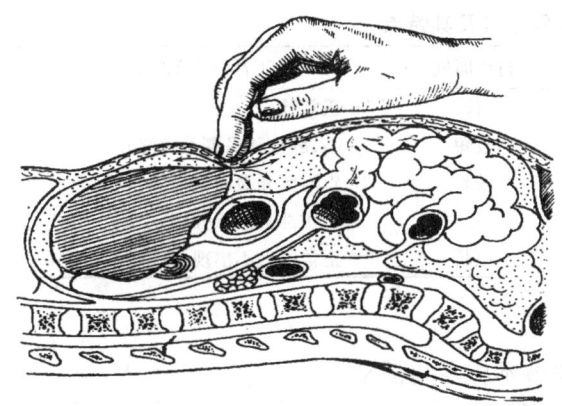

图 1-2-3　冲击触诊法

作时避免用力过猛。

(三) 叩诊

1. 直接叩诊法 检查者腕部放松,以腕关节作杠杆,右手中间三指并拢,用其掌面直接拍击被检查部位,借助于拍击的反响和指下的震动来判断病变情况的方法称为直接叩诊法。如胸背部、脊柱的直接叩诊。

2. 间接叩诊法

(1) 指叩法:为应用最多的叩诊方法。左手中指第二指节紧贴于叩诊部位,其他手指稍抬起,勿与体表接触。右手指自然弯曲,以中指指端叩击左手中指第二指骨的前端,叩击方向与叩诊部位的体表垂直。叩诊时应以腕关节与掌指关节的活动为主,肘关节和肩关节不参与运动。叩击力量要均匀,一个叩诊部位每次连续叩击 2~3 下。如图 1-2-4 所示。叩诊音根据音响的频率、振幅和乐音的不同,临床上分为清音、浊音、鼓音、实音和过清音五种。如表 1-2-1 所示。

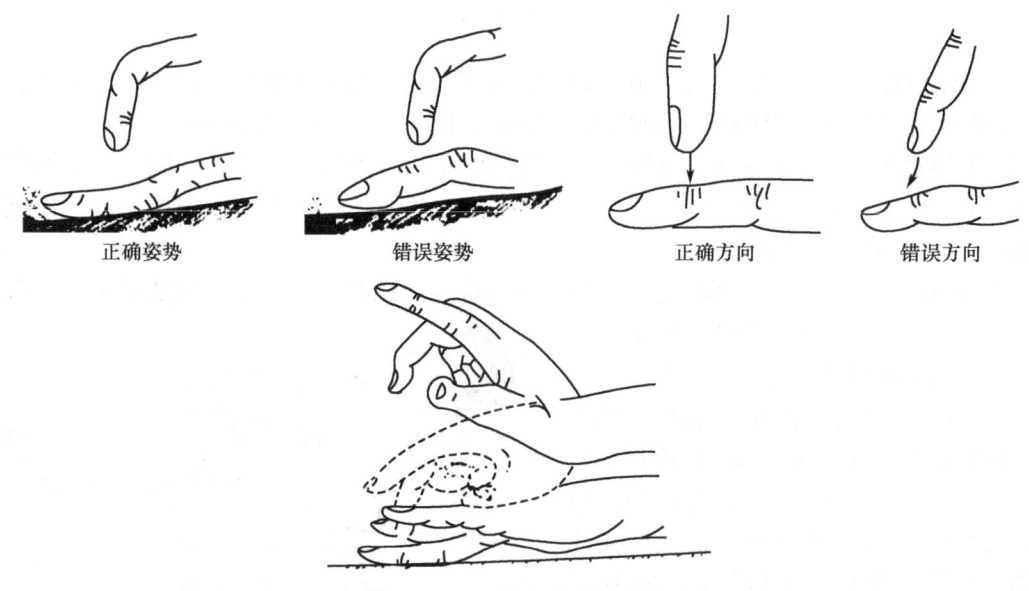

图 1-2-4 间接叩诊法的姿势

表 1-2-1 常见叩诊音及其特点

叩诊音	音响强度	音调	持续时间	正常可出现的部位
清音	强	低	长	正常肺
浊音	较强	较高	较短	心、肝被肺缘覆盖的部分
鼓音	强	高	较长	胃泡区和腹部
实音	弱	高	短	实质性脏器部分
过清音	更强	更低	更长	正常成人不出现,可见于肺气肿

指叩法间接叩诊注意事项:

1) 右手腕关节及指掌关节活动,肘、肩关节不应参与活动。
2) 叩诊力量应均匀一致,在对称部位对比叩诊。
3) 同一部位每次连续叩击 2~3 下,如需要重复叩诊时应稍停片刻后再继续叩诊。间断叩诊有利于叩诊音的辨别。

4）叩诊板指在移动时应抬起离开皮肤,不要连同皮肤一起移动。

5）右手中指指甲不能过长,否则影响手指的垂直或造成叩诊板指的疼痛。

(2) 拳叩法：一手掌平贴于欲叩诊部位,另一手握空心拳,腕部伸直,以肘部作杠杆,轻敲平贴体表的手背,引起敲击部位处体腔内器官的震动。常用于检查肾、肝、脾等实质性脏器。

(四) 听诊

1. 直接听诊法 即用耳直接贴附在被检者的体壁上进行听诊,能听到的体内声音很弱,在某些特殊或紧急情况下采用。

2. 间接听诊法 即借助听诊器进行听诊的方法,听诊效果好,使用范围广,除可听诊心、肺、腹外,还可听诊其他部位发出的声音,如血管音、关节活动音、骨折面摩擦音等。

听诊注意事项：

(1) 环境要安静,温暖。寒冷会引起肌肉颤动,出现附加音而影响听诊效果。

(2) 听诊前要注意检查听诊器耳件是否戴正,弯曲方向是否正确,软、硬胶管是否通畅,避免胶管与周围物品接触。

(3) 胸件应严密地贴于被检查部位,不要隔着衣服听诊,胶管勿与皮肤接触,以防产生附加音。

(4) 钟型体件对低频声音敏感,适用于听取低调的声音,如二尖瓣狭窄时的舒张期隆隆样杂音。膜型体件对高频声音敏感,适用于听取高调的声音,如呼吸音、心音、肠鸣音等。

(五) 嗅诊

嗅诊是通过嗅觉判断病人的异常气味与疾病之间关系的方法。例如：呼吸呈刺激性蒜味见于有机磷杀虫药中毒；烂苹果味见于糖尿病酮症酸中毒等。

二、护理体检的注意事项

(1) 检查者必须形象端庄,举止稳重大方,态度和蔼耐心,具有良好的医德修养。

(2) 保持环境安静、舒适和私密性,对不必要暴露的部位应予适当覆盖。

(3) 一般站在病人的右侧,利于右手进行检查。检查前向病人说明身份。

(4) 光线适当,以日光为佳。

(5) 检查完毕,要向病人做必要的解释和说明。

【思考题】

(1) 护理体检的基本方法有哪些？各有什么用途？

(2) 叩诊音有几种？正常可出现的部位在哪里？

(3) 护理体检的注意事项有哪些？

(广东医学院护理学院 张 洪)

第二章 体格检查

第一节 一般状态及头颈部检查

【目的要求】

(1) 熟悉一般状态及头颈部检查的主要内容及查体顺序。
(2) 正确测量并记录生命体征。
(3) 陈述营养状态的判断标准、分级及特点。
(4) 初步掌握瞳孔对光反射、扁桃体、气管及甲状腺的检查方法,并了解其临床意义。

【实验方法】

(1) 观看相关视频资料。
(2) 教师以一位同学作为示范,分步骤讲解。
(3) 学生以三人为一组,一人为检查者,一人为被检查者,一人为纠正员,三人交替练习。
(4) 教师巡回指导,实验结束前随机抽取一名学生反示教,同学及老师给予指正。

【实验器材】

手电筒、体温表(口表及肛表)、皮尺、血压计、听诊器、秒表、棉签、纸巾、压舌板、皮褶计。

【实验时间】

3学时。

【实验内容】

一、全身状态

(一) 性别与年龄

生殖器和第二性征的发育情况是判断性别的主要依据。年龄可经问诊或通过观察皮肤的弹性与光泽、肌肉状态、毛发的颜色和分布、面与颈部皮肤的皱纹以及牙齿的状态估计。

(二) 生命体征

1. 体温 用体温计测量,国内一般按摄氏法进行记录。

(1) 测量方法

1) 口测法:将已消毒的体温计置于患者舌下,紧闭口唇,5分钟后取出读数。正常范围36.3~37.2℃。该法不能用于婴幼儿及神志不清者。

2) 腋测法:为最常用的体温测定方法。将已消毒的体温表汞柱甩到36℃以下,体温计头端放入腋窝深处,夹紧上臂,10分钟后取出读数。正常范围36~37℃。注意腋窝处应无致热或降温物品,并应将腋窝汗液擦干。

3) 肛测法:患者取侧卧位,将肛门温度计(肛表)头端涂布润滑剂,徐徐插入肛门内达体温计长度的一半为止,5分钟后取出读数。正常范围36.5~37.7℃。该法测量值稳定,多用于婴幼儿及神志不清者。

(2) 记录方法:将体温测量的结果按时描记于体温记录单上,描绘出体温曲线。

(3) 测量误差的常见原因

1) 测量前未将体温计的汞柱甩到36℃以下。

2) 腋测法时未把体温计正确放置在腋窝深处,体温计未夹紧。

3) 检测局部存在冷热源如局部放置冰袋或热水袋等。

2. 呼吸 眼观察胸以及腹部的起伏,观察呼吸频率和节律1分钟并记录。正常人呼吸16~18次/分。呼吸与脉搏的比例为1:4。节律均匀,深浅适度。呼吸频率<12次/分,称呼吸过缓;呼吸频率>20次/分,称呼吸过速。一般体温升高1℃,呼吸大约增加4次/分。

3. 脉搏 常规触摸桡动脉,记录1分钟脉搏的频率和节律。正常成人脉率在安静、清醒情况下为60~100次/分,节律规则,强弱适中。脉率<60次/分,称缓脉;脉率>100次/分,称速脉。

4. 血压 测定方法有两种:

(1) 直接测压法:即经皮穿刺将导管由周围动脉送至主动脉,导管末端连接监护测压系统,自动显示血压值。

(2) 间接测压法:即袖带加压法,以血压计测量。血压计有汞柱式、弹簧式和电子血压计,临床常用汞柱式。血压测量的要点:

1) 被检查者检查前30分钟内禁烟、禁咖啡,安静休息5~10分钟。

2) 取仰卧位或坐位。

3) 右上肢裸露伸直并轻度外展,肘部置于心脏同一水平。

4) 将气袖均匀紧贴皮肤缠于上臂,下缘距肘窝以上约2~3cm(气袖与皮肤的间隙可置入1个横指,气袖中央位于肱动脉表面)。

5) 扪及肱动脉搏动并把听诊器体件置其上(体件不能置于气袖与皮肤间隙内)。

6) 边充气边听诊,闻肱动脉搏动声消失后再升高20~30mmHg,缓慢放气,双眼随汞柱下降,平视汞柱表面,根据听诊结果读出血压值并记录。

7) 首先听到的响亮拍击声代表收缩压,最终声音消失前的血压值为舒张压。

(三) 一般状态

1. 发育与体型 以年龄、智力和体格成长状态(身高、体重及第二性征)及相互之间的关系进行综合判断。

(1) 成人发育正常的指标为：

1) 头部的长度为身高的 1/8～1/7。

2) 胸围为身高的 1/2。

3) 两上肢展开的长度(两指端距)与身高基本一致。

4) 坐高约等于下肢的长度。

(2) 体型分型：成人的体型分为三型。

1) 无力型：亦称瘦长型，表现为体高肌瘦、颈细长、垂肩、胸廓扁平、腹上角小于 90°，较易患消化性溃疡和肺结核等病。

2) 正力型：亦称匀称型，表现为身体各部结构匀称适中，腹上角 90°左右，正常人一般多为此型。

3) 超力型：亦称矮胖型，表现为体矮健壮、颈粗短、面红、肩平、胸廓宽阔、腹上角大于 90°，此型较易发生肥胖症、动脉硬化、高血压等病。

2. 营养

(1) 判断方法：通常根据皮肤、毛发、皮下脂肪、肌肉的发育情况进行综合判断。简便的方法是测量体重和检查皮下脂肪的充实度。

1) 体重：成人的标准体重(kg)＝身高(cm)－105。增减 10% 以内均属正常。

2) 皮下脂肪测量：测量前臂曲侧及上臂背侧下 1/3 处脂肪的厚度或充实的程度。

(2) 描述方法：在临床上，通常用良好、中等、不良三个等级描述营养状态。

1) 良好：面色红润光泽，皮下脂肪丰满有弹性，肋间隙及锁骨上窝深浅适中，肌肉结实丰满，指甲、毛发光泽等。

2) 不良：皮肤黏膜干燥，弹性差，皮下脂肪菲薄，肌肉松弛无力，指甲粗糙无光泽，毛发稀疏枯萎，肋间隙与锁骨上窝深陷，肩胛骨与髂骨嵴突出(极度消瘦，营养不良，舟状腹等营养状态称"恶病质")。

3) 中等：介于上述二者之间。

3. 意识 是大脑功能活动的综合表现。凡能影响大脑功能活动的疾病均可引起程度不等的意识改变，称为意识障碍。意识障碍的类别包括：

(1) 嗜睡：是最轻的意识障碍，是一种病理性嗜睡，能被唤醒，醒后能简单回答问题。但刺激去除后很快又再入睡。

(2) 意识模糊：是较嗜睡程度深的意识障碍。患者能保持简单的精神活动，但对时间、地点、人物的定向能力发生障碍。

(3) 谵妄：是一种以兴奋性增高为主的意识障碍，表现意识模糊、定向力障碍、错觉与幻觉、躁动不安及语言错乱等。

(4) 昏睡：处于熟睡状态，接近不省人事，不易被唤醒。在强刺激下(如压迫眶上神经，摇动患者的身体等)可被唤醒，但很快又入睡，醒后不能准确回答问题。

(5) 昏迷：是严重的意识障碍，表现为意识持续的中断或完全丧失。按其程度可分为：

1) 浅昏迷：对疼痛的刺激有躲避反应或痛苦表情。吞咽反射、咳嗽反射、角膜反射、瞳孔对光反射,眼球运动等均存在。

2) 中度昏迷:对周围事物及各种刺激均无反应,对强刺激可出现防御反射,角膜反射减弱,瞳孔对光反射迟钝,眼球无转动。

3) 深昏迷:对各种刺激全无反应,全身肌肉松弛。深浅反射均消失。

4. 面容与表情 面容是指面部呈现的状态;表情是在面部或姿态上思想感情的表现。面容与表情是评价个体情绪状态的重要指标。临床常见的典型面容有:健康面容,急性病容,慢性病容,贫血面容,甲状腺功能亢进面容(图2-1-1),黏液性水肿面容(图2-1-2),二尖瓣面容(图2-1-3),肢端肥大症面容(图2-1-4),伤寒面容,苦笑面容,满月面容(图2-1-5)等。

图 2-1-1　甲状腺功能亢进面容

   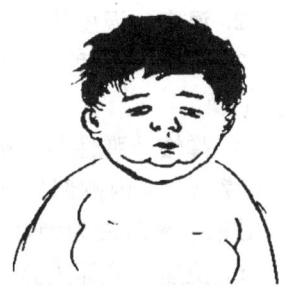

图 2-1-2　黏液性水肿面容　　图 2-1-3　二尖瓣面容　　图 2-1-4　肢端肥大症面容　　图 2-1-5　满月面容

5. 体位 体位是指患者身体所处的状态,常见的体位有以下几种。

(1) 自动体位:身体可自由活动不受限制,见于正常人与一般轻症患者。

(2) 被动体位:患者不能自己调整或变换体位,见于极度衰弱、肢体瘫痪或昏迷患者。

(3) 强迫体位:患者被迫采取某种体位,以减轻痛苦。如急性腹膜炎时患者强迫仰卧位、脊柱疾病患者强迫俯卧位、一侧胸膜炎和大量胸腔积液患者强迫侧卧位、心肺功能不全者强迫坐位、先天性发绀型心脏病患者强迫蹲踞位、心绞痛患者强迫停立位、胆石症患者辗转体位、破伤风患者角弓反张位等。

6. 步态 步态是指走动时所表现的姿态。步态有步态稳健,步态异常(蹒跚步态、醉汉步态、共济失调步态、慌张步态、跨阈步态、剪刀式步态、偏瘫步态等,图2-1-6～图2-1-8)。

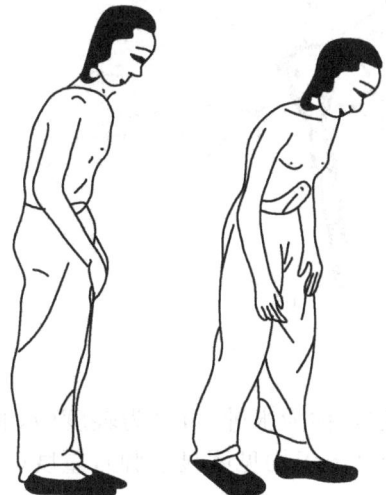

图 2-1-6　慌张步态

(四) 皮肤

1. 颜色 皮肤的颜色与毛细血管分布、血液的充盈度、色素量的多少等有关。常见的改变有发绀、苍白、发红、黄染、色素沉着、色素脱失等。

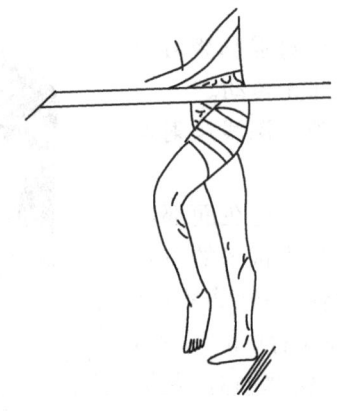 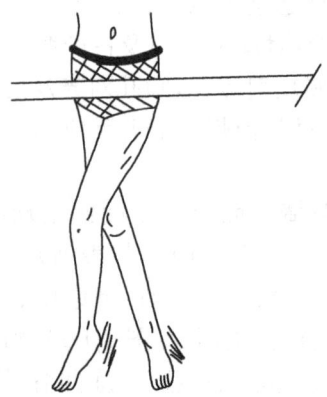

图 2-1-7 跨阈步态　　　　图 2-1-8 剪刀式步态

2. 温度　温度用触诊和温度计测量。记录为正常、增高、冰冷。

3. 湿度　湿度与汗腺分泌功能有关,出汗多者湿润,出汗少者干燥。记录为正常、湿润、干燥。

4. 弹性　弹性与年龄、营养状态、皮下脂肪及组织间隙所含液体量有关。检查时常选择手背或上臂内侧部位,以拇指和示指将皮肤提起,松手后如皮肤皱褶迅速平复为弹性正常,皱褶平复减慢为弹性减弱。

5. 皮疹　临床上常见的皮疹有斑疹、玫瑰疹、丘疹、斑丘疹、荨麻疹等。

6. 皮下出血　根据直径大小及伴随情况分为瘀点(直径小于 2mm)、紫癜(直径 3～5mm)、瘀斑(直径大于 5mm)、血肿(片状出血并伴有皮肤显著隆起)。

7. 蜘蛛痣与肝掌　皮肤小动脉末端分支性扩张所形成的血管网,形似蜘蛛称为蜘蛛痣(图 2-1-9),见于急、慢性肝炎或肝硬化。慢性肝病患者手掌大、小鱼际处常发红,加压后褪色,称为肝掌。

图 2-1-9 蜘蛛痣

8. 水肿　皮下组织的细胞内及组织间隙内液体积聚过多称为水肿,可分为轻度(水肿仅见于眼睑、眶下软组织、胫骨前、踝部皮下组织)、中度(全身组织均见明显水肿)、重度(全身组织严重水肿,身体低位皮肤紧张发亮,甚至有液体渗出)。

9. 皮肤完整性　根据流程图对皮肤完整性进行评估,见图 2-1-10。

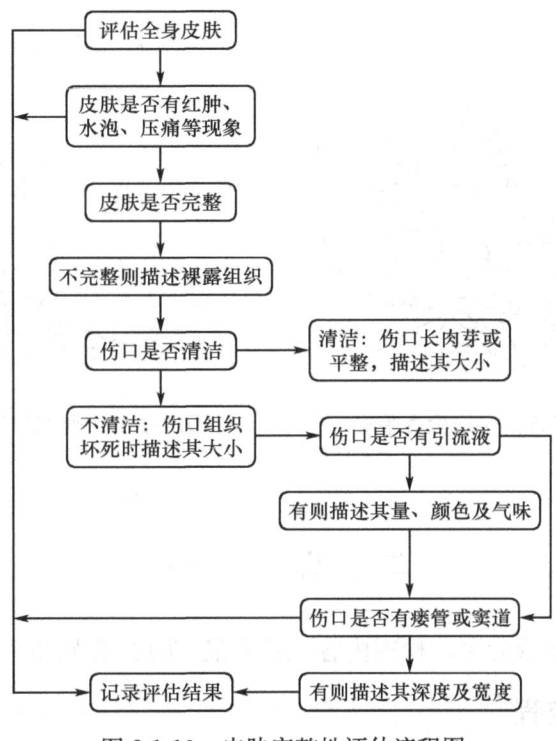

图 2-1-10 皮肤完整性评估流程图

(五) 淋巴结

淋巴结分布全身,正常情况下,淋巴结较小,直径多在 0.2～0.5cm 之间,质地柔软,表面光滑,与周围组织无粘连,不易触及。检查以触诊为主,检查全身的浅表淋巴结。

1. 检查顺序 要按一定顺序进行才不至于遗漏,通常检查顺序如下:

(1) 头颈部淋巴结检查顺序:耳前、耳后、枕部、颌下、颏下、颈前、颈后、锁骨上淋巴结。

(2) 上肢淋巴结检查顺序:腋窝(尖群、中央群、胸肌群、肩胛下群、外侧群的顺序)、滑车上淋巴结。

(3) 下肢淋巴结检查顺序:腹股沟(先查上群、后查下群)、腘窝淋巴结。

2. 检查的内容 淋巴结肿大的部位、大小、数目、硬度、红肿、压痛,是否活动,有无粘连、红肿、瘢痕及瘘管。

3. 患者体位 取坐位或卧位。

4. 方式 双手触诊。先左侧后右侧,左手触诊右侧,右手触诊左侧,由浅至深。

5. 检查方法

(1) 检查者将示、中、环指并拢,指腹平放于被检查部位的皮肤上进行滑动触诊。

(2) 检查颈部淋巴结时(图 2-1-11),站在被检查者前面或背后,手指紧贴检查部位,由浅入深进行滑动触诊。嘱受检者头稍低或偏向检查侧。

(3) 检查锁骨上淋巴结时,让患者头稍向前屈。

(4) 检查腋窝淋巴结检查,以握住受检者腕使前臂稍外展(图 2-1-12)。

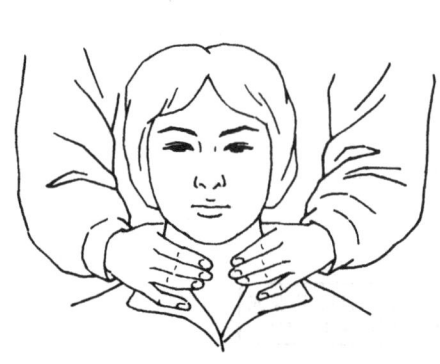
图 2-1-11　颈部淋巴结检查手法

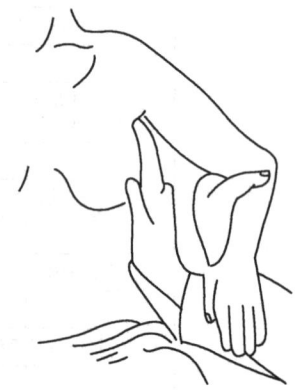
图 2-1-12　腋窝淋巴结检查手法

二、头　　部

头部评估以视诊、触诊为主。检查内容包括头发、头皮、头颅和头部器官。

(一) 头部评估流程

头部评估流程见图 2-1-13。

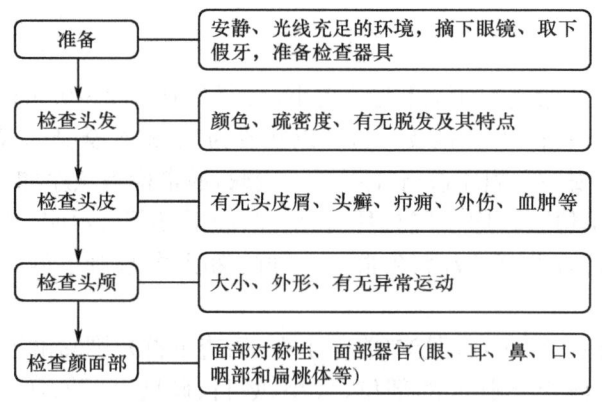

图 2-1-13　头部评估流程图

(二) 颜面部器官的评估

1. 眼的评估

(1) 检查项目：视力（视力表），眼眉（注意有无脱落），眼睑（有无睑内翻、上睑下垂、闭合不全、水肿），结膜（有无充血、颗粒、滤泡），角膜（有无透明、云翳、白斑），巩膜（有无黄染），虹膜（有无纹理模糊或消失，有无形态异常或裂孔），眼球（检查外形和运动），瞳孔（形状、大小、对光反射、集合反射）。

(2) 眼球运动检查：①检查时置目标物（棉签或手指）于受检者眼前 30~40cm 处；②嘱病人固定头位，眼球随目标方向移动；③一般按左→左上→左下，右→右上→右下 6 个方向的顺序进行；④观察眼球运动是否受限。

(3) 翻转眼睑要领：①用示指和拇指捏住上睑中外 1/3 交界处的边缘；②嘱病人向下看；③轻轻向前下方牵拉，然后示指向下压迫睑板上缘，与拇指配合将睑缘向上捻转即可将眼睑翻开；④翻眼睑时，动作要轻巧、柔和，以免引起病人的痛苦和流泪；⑤检查后，轻轻向下牵拉上睑，同时嘱病人往上看，即可使眼睑恢复正常位置。

(4) 对光反射：描述为对光反射灵敏、迟钝或消失。

1) 直接对光反射：①嘱受检者注视正前方；②检查者用手电筒直接照射一侧瞳孔，正常人当眼受到光线刺激时瞳孔立即收缩；③移开光源后瞳孔迅速复原。

2) 间接对光反射：①嘱受检者注视正前方；②检查者以手隔开两眼；③光照一侧瞳孔，正常人另一侧瞳孔同时收缩。

(5) 集合反射：检查的结果以灵敏、迟钝、消失记录之。检查方法：嘱受检者两眼注视正前方 1 米以外的目标（一般用检查者的示指尖），然后将目标逐渐移近距眼球 5~10cm 处。正常人此时可见双眼内聚，瞳孔缩小，称为集合反射。

2. 耳的评估

(1) 检查内容：注意耳廓有无畸形、耳前瘘管、耳屏压痛、结节等；外耳道有无分泌物、出血、溢脓；鼓膜有无内陷或膨隆、穿孔；乳突有无压痛；听力是否正常等。

(2) 粗测法听力检测：在静室内嘱受测者闭目坐在椅子上，用手指阻塞一侧耳道，检查者持手表或以拇与中指互相摩擦，自 1 米以外逐渐移近被检查者耳边。直到听到声音为止，测量距离，同样的方法检查另一只耳。若在 1 米处能听到表声或捻指声，表示听力正常。

3. 鼻的评估

(1) 检查内容：包括鼻部皮肤颜色和鼻外形的改变，有无鼻翼扇动、分泌物，黏膜有无肿胀，鼻窦压痛等。

(2) 鼻窦检查：鼻窦为鼻腔周围含气的骨质空腔，共四对，都有窦口与鼻腔相通，当引流不畅时易发生炎症。检查顺序为：额窦、筛窦、上颌窦、蝶窦（解剖位置较深，不能在体表进行检查，见图 2-1-14）。

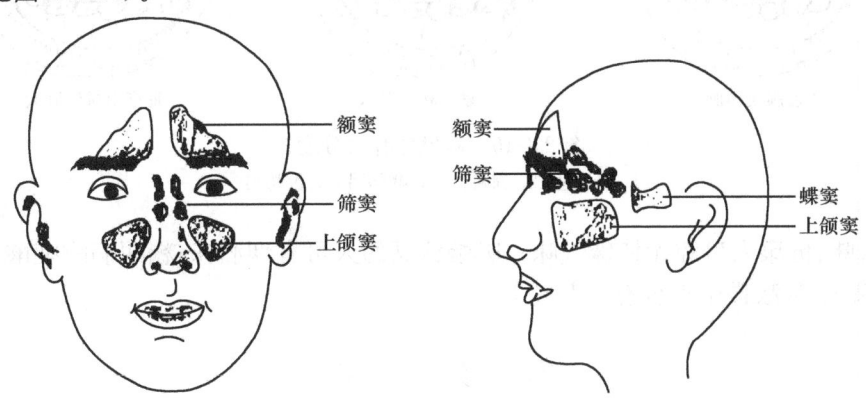

图 2-1-14　鼻窦正侧位图

1) 用双手拇指分别按压受检者两侧鼻窦，其余四指置于受检者两侧固定头部。

2) 检查额窦时，双手固定头部，双手拇指分别置于受检者左右眼眶上缘内侧向后、向上按压，询问有无压痛，两侧有无差异。

3) 检查筛窦时,双手置于受检者两侧耳廓部,双手拇指分别置于受检者鼻根部与眼内眦之间向内后方按压。

4) 检查上颌窦时,双手置于受检者两侧耳后,双手拇指分别于左右颧部向后按压。

4. 口腔的评估

(1) 口唇:颜色,有无疱疹、口角糜烂或歪斜。

(2) 黏膜:有无出血点,溃疡或真菌感染。

(3) 牙齿:数目、色泽,有无龋齿、残根、缺牙或义齿等。

(4) 牙龈:正常牙龈呈粉红色,有无肿胀、溢脓、溃疡或出血。

(5) 舌:正常人舌苔白薄,舌质淡红而柔软,活动自如,伸出居中,无震颤。观察有无偏斜、震颤,舌体有无肿大,舌苔色泽与厚薄,舌乳头有无萎缩或肿胀。

(6) 咽部及扁桃体

1) 检查方法:让受检者坐于椅上,头略后仰,口张大并发"啊"音,检查者用压舌板压舌前 2/3 与后 1/3 交界处,在充足的光线下,可见到软腭、悬雍垂、腭弓、扁桃体、咽后壁等。

2) 咽部:有无充血、分泌物,有无咽后壁淋巴滤泡增殖等。

3) 扁桃体:大小、颜色、渗出物、假膜。扁桃体肿大分三度,不超过咽腭弓者为Ⅰ度,超过咽腭弓者为Ⅱ度,超过咽后壁中线者为Ⅲ度(图 2-1-15)。

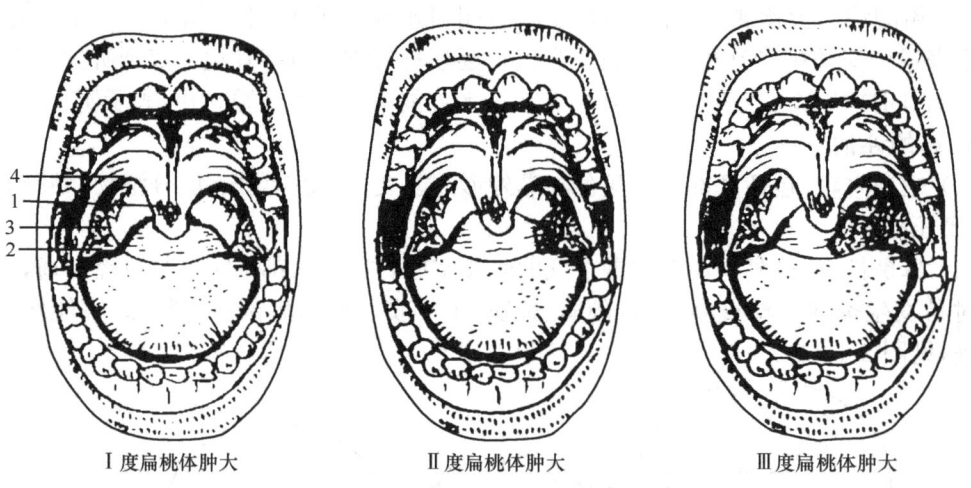

图 2-1-15 扁桃体肿大分度
1. 悬雍垂;2. 扁桃体;3. 咽腭弓;4. 舌腭弓

(7) 气味:健康人口腔无特殊气味。吸烟饮酒的人可有烟酒味;糖尿病酮症酸中毒患者可有烂苹果味;敌敌畏中毒者有大蒜味等。

三、颈　　部

(一) 颈部评估流程

颈部评估流程见图 2-1-16。

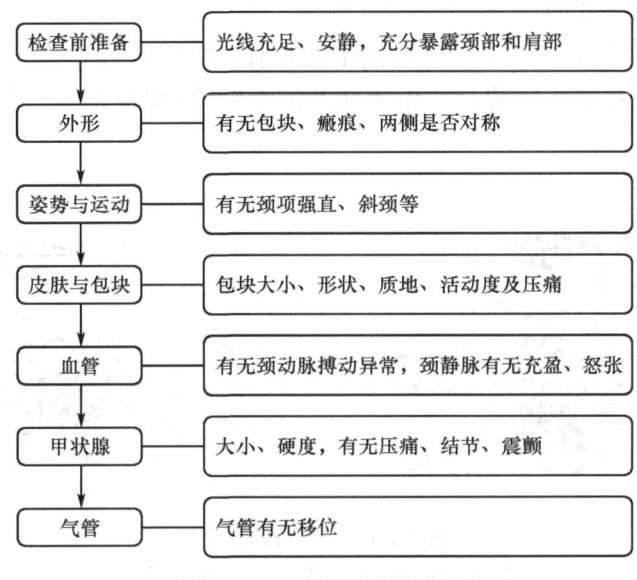

图 2-1-16 颈部评估流程图

（二）颈部评估内容

1. 颈部外形 正常人颈部直立，两侧对称，矮胖者短粗，瘦长者较细长。头稍后仰，更易观察颈部有无包块、瘢痕、两侧是否对称。

2. 姿势与运动 正常人坐位时颈部直立，伸屈、转动自如。检查时应注意有无斜颈、颈部强直、颈部活动受限等。

3. 颈部皮肤与包块 皮肤注意有无蜘蛛痣、感染等。颈部包块注意其部位、数目、大小、质地、活动度、与邻近器官的关系和有无压痛等特点。

4. 血管的评估

（1）颈静脉：正常人去枕平卧时颈静脉是充盈的，坐位或半坐位时颈静脉多不显露，若取 30°～45°的半卧位时可看到其稍充盈，但充盈水平不超过锁骨上缘至下颌角连线的下 2/3。若颈静脉明显充盈、怒张或搏动为异常征象。

（2）颈动脉：正常人颈动脉的搏动，只在剧烈活动后心搏出量增加时可见，且很微弱。若在安静时出现明显搏动，多见于主动脉瓣关闭不全、甲亢等。

5. 甲状腺的评估 甲状腺位于甲状软骨下方和两侧，正常约 15～25g，表面光滑，柔软不易触及。

（1）视诊：观察甲状腺的大小和对称性。正常人甲状腺外观不明显，检查时嘱受检者做吞咽动作，可见甲状腺随吞咽动作而移动，或嘱被检者两手放于枕后，头向后仰，进行观察。

（2）触诊

1）峡部触诊：①检查者站于受检者前面用拇指或站于受检者后面用示指；②从胸骨上切迹向上触摸；③嘱受检者做吞咽动作，判断气管前软组织是否增厚或局部是否有肿块。

2）侧叶触诊

A. 前面触诊：一手拇指施压于一侧甲状软骨，将气管推向对侧。另一手示、中指在对侧胸锁乳突肌后缘向前推挤甲状腺侧叶，拇指在胸锁乳突肌前缘触诊，配合吞咽动作。用同样方法检查另一侧甲状腺。

B. 后面触诊：一手示、中指施压于一侧甲状软骨，将气管推向对侧；另一手拇指在对侧胸锁乳突肌后缘向前推挤甲状腺，示、中指在其前缘触诊，配合吞咽动作，用同样方法检查另一侧甲状腺（图 2-1-17）。

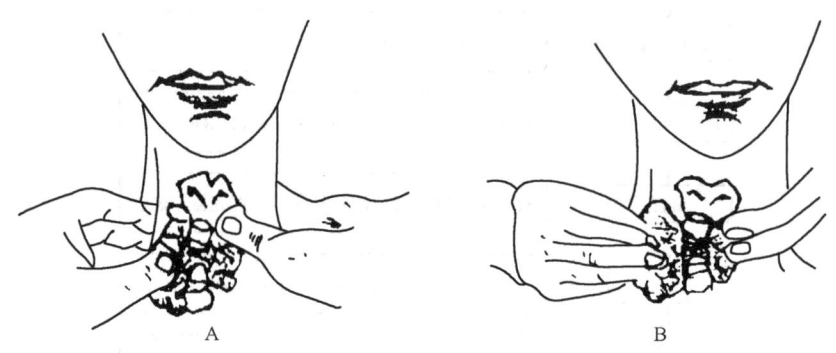

图 2-1-17　甲状腺触诊
A. 从前面进行触诊；B. 从后面进行触诊

(3) 听诊：当触到甲状腺肿大时，用钟型听诊器直接放在肿大的甲状腺上，若听到低调的连续性静脉"嗡鸣"音，对诊断甲状腺功能亢进很有帮助。

(4) 检查注意事项：注意甲状腺的大小、形态、对称性、硬度、压痛及表面是否光滑，有无结节、震颤等。

(5) 甲状腺肿大分为三度：
1) Ⅰ度为不能看出肿大，但能触及者。
2) Ⅱ度为能看到肿大，又能触及，但在胸锁乳突肌外缘以内者。
3) Ⅲ度为肿大超过胸锁乳突肌外缘者。

6. 气管的评估　正常位于颈前正中部位置。
检查方法：
(1) 受检者取坐位或仰卧位，颈部处于自然直立状态。
(2) 检查者示指及环指分别置于受检者两侧胸锁关节上。
(3) 以中指触摸气管，观察中指是否在示指与环指中间。
(4) 或以中指置于气管与两侧胸锁乳突肌之间的间隙，据两侧间隙是否等宽进行判断气管是否偏移。

【思考题】

(1) 如何正确测量血压？
(2) 如何检查眼球运动、对光反射、集合反射？
(3) 扁桃体增大如何分度？
(4) 甲状腺的检查方法及分度是怎样的？

附 表 二

一般检查及头颈部检查实验报告

生命体征：
神志_____ 体温_____℃ 脉搏_____次/分钟
呼吸_____次/分钟 血压_____mmHg
一般状态：
发育_____ 营养_____ 面容_____ 步态_____
皮肤：
色泽_____ 弹性_____ 皮疹_____ 出血_____ 水肿_____
蜘蛛痣_____ 溃疡及瘢痕_____ 毛发分布_____
淋巴结：
全身淋巴结有无肿大（若有肿大描述部位及特征）_____
_____

头部：
头颅：形状_____ 大小_____ 压痛_____
肿块_____ 头皮_____ 其他_____
头发：量_____ 色_____ 光泽_____ 其他_____
眼：眉_____ 睫毛_____ 眼睑_____ 结膜_____ 眼球_____
巩膜_____ 角膜_____ 瞳孔_____ 调节反射_____
对光反射_____
耳：耳廓_____ 分泌物_____ 乳突压痛_____ 听觉_____
鼻：外形_____ 鼻翼扇动_____ 分泌物_____ 鼻窦压痛_____
口腔：气味_____ 流涎_____
唇：色_____ 溃疡_____ 疱疹_____
齿：缺齿_____ 义齿_____ 龋齿_____ 其他_____
齿龈：色_____ 出血_____ 齿槽溢脓_____
舌：偏斜_____ 震颤_____ 舌苔_____ 舌乳头萎缩_____
口腔黏膜：色_____ 溃疡_____ 出血点_____ 色素沉着_____ 斑疹_____
咽：充血_____
扁桃体：大小_____ 颜色_____ 渗出物_____ 其他_____
颈部：强直_____ 对称_____ 动脉搏动_____ 静脉怒张_____
气管：位置_____

检查者签名：_____
日　　期：_____

（广东省人民医院　严冰华）

第二节　正常胸廓及肺部检查

【目的要求】

（1）指出胸部的体表标志、人工划线及分区。
（2）能采用正确的方法，按顺序检查胸壁、胸廓及肺脏。
（3）能熟练检查呼吸运动、呼吸频率和节律，并判断是否正常。
（4）能掌握肺泡呼吸音、支气管呼吸音、支气管肺泡呼吸音的特点及正常分布。

【实验方法】

（1）组织学生观看正常呼吸系统检查的视频资料。
（2）教师讲解并示范。
（3）学生以三人为一组，一人为检查者，一人为被检查者，一人为纠正员，三人交替练习。
（4）教师巡回指导，实验结束前随机抽一名学生进行反示教，同学及教师给予纠正和指导。

【实验器材】

听诊器、尺、标记笔、视频资料。

【实验时间】

3学时。

【实验内容】

一、呼吸系统评估流程

呼吸系统的评估流程见图2-2-1。

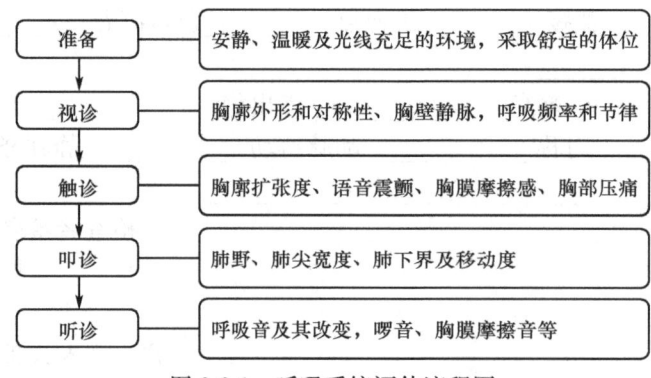

图 2-2-1　呼吸系统评估流程图

二、胸部的体表标志、划线及分区

(一) 骨骼标志

1. 胸骨角

(1) 位置：位于胸骨上切迹下约 5cm，为胸骨柄与胸骨体连接处的突起，两侧分别与左右第 2 肋软骨连接。

(2) 标志：①前胸壁计数肋骨和肋间隙顺序的主要标志；②支气管分叉处标志；③心房上缘；④背部相当于第 5 胸椎的水平。

2. 肩胛下角

(1) 位置：肩胛骨的最下端。

(2) 标志：①后胸部计数肋骨或肋间隙的标志；②当双上肢自然下垂时，位于第 7 或第 8 肋骨水平标志；③相当于第 8 胸椎水平。

3. 脊柱棘突

(1) 后正中线的标志。

(2) 当头俯屈时，最突出的一个椎骨棘突为第 7 颈椎棘突。

(3) 作为计数胸椎棘突的标志。

(二) 胸部的窝、区划分

1. 腋窝(左、右)　上肢内侧面与胸壁连接处的凹陷部。

2. 胸骨上窝　胸骨柄上方凹陷部，气管位于其后正中。

3. 锁骨上窝(左、右)　为锁骨上方的凹陷部，相当于肺尖的上部。

4. 锁骨下窝(左、右)　为锁骨下方的凹陷部。

5. 肩胛上区(左、右)　背部肩胛冈以上的区域，其外上界为斜方肌的上缘。

6. 肩胛下区(左、右)　为两肩胛下角连线与第 12 胸椎水平线之间的区域。

7. 肩胛间区(左、右)　为两肩胛骨内缘之间的区域。

8. 腹上角　为左右肋弓(由两侧的第 7~10 肋软骨相互连接而成)在胸骨下端会合处所形成的夹角，又称胸骨下角。正常成人为 70°~110°，矮胖体型者较大，瘦长体型者较小。

9. 肋脊角(左、右)　背部第 12 肋骨与脊柱所构成的夹角。肾、输尿管上端位于此区域内。

10. 肋间隙　第 1~2 肋骨之间为第 1 肋间隙，第 2~3 肋骨之间为第 2 肋间隙，其余以此类推。

(三) 胸部体表标线

胸部体表标线见图 2-2-2。

1. 前正中线　通过胸骨正中的垂直线。其上端位于胸骨柄上缘的中点，向下通过剑突中央的垂直线。

2. 锁骨中线(左、右)　通过锁骨的肩峰端与胸骨端两者中点向下的垂直线，即通过锁骨中点向下的垂直线。男性通过乳头部。

3. 腋前线(左、右)　通过腋窝前皱襞沿前侧胸壁向下的垂直线。

4. 腋后线(左、右)　通过腋窝后皱襞沿后侧胸壁向下的垂直线。

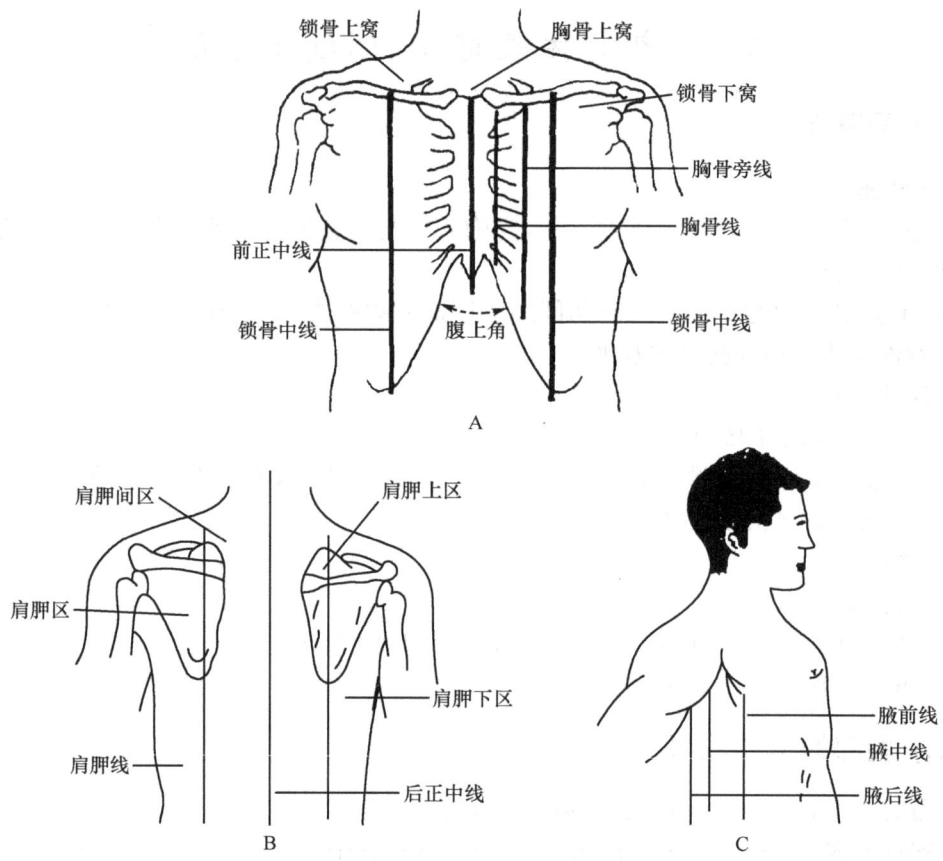

图 2-2-2 胸部体表标线
A. 胸部体表标线正面观；B. 胸部体表标线背面观；C. 胸部体表标线侧面观

5. 腋中线（左、右） 自腋窝顶端于腋前线和腋后线之间向下的垂直线。
6. 后正中线 即脊柱中线,通过脊椎棘突,或沿脊柱正中下行的垂直线。
7. 肩胛线（左、右） 为双臂下垂时通过肩胛下角与后正中线平行的垂直线。

三、肺部和胸廓检查

(一) 视诊

1. 胸壁 正常胸壁无明显静脉显露,无皮下气肿。
2. 乳房 病人取坐位,先双臂下垂,然后双臂高举过头或双手叉腰进行观察。正常女性双侧乳房对称,乳房无发红、水肿和皮肤回缩。双侧乳头对称,观察乳头有无内陷及异常分泌物。
3. 胸廓形态 正常人胸廓两侧对称。成人前后径较左右径短,小儿和老人前后径与左右径接近。
4. 呼吸运动 正常人呼吸运动规则,两侧对称。成人呼吸频率16～20次/分,女性以胸式呼吸为主,男性及儿童多以腹式呼吸为主。

(二)触诊

1. 胸廓扩张度 为呼吸时的胸廓动度,于胸廓前下部检查较易获得。

(1) 前胸廓扩张度:①两手对称置于两侧胸廓下面的前侧部;②左右拇指分别沿两侧肋缘指向剑突;③拇指尖在前正中线两侧对称部位,手掌和伸展的手指置于前侧胸壁;④嘱受检查者深呼吸,比较两侧呼吸运动有无差别(图 2-2-3)。

(2) 后胸廓扩张度:①两手平置于受检者背部,约于第 10 肋水平;②拇指与中线平行,并将两侧皮肤向中线轻推;③嘱受检查者做深呼吸,比较两侧呼吸运动有无差别。

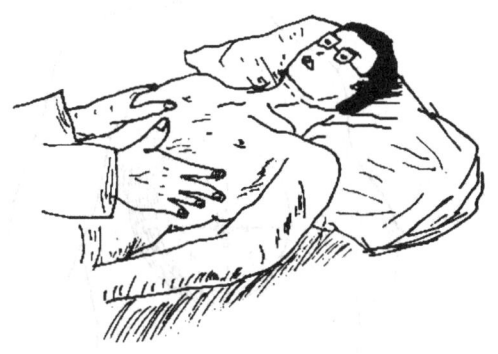

图 2-2-3 触诊检查呼吸运动示意图

2. 语音震颤 为被检者发出语音时,声波起源于喉部,沿气管、支气管及肺泡,传到胸壁所引起的共鸣振动,可由检查者的手触及,又称触觉震颤。

(1) 检查方法:①检查者将双手掌的尺侧缘或掌面轻放于两侧胸壁对称部位;②嘱受检查者用同等的强度重复发"yi"长音;③自上到下,由内到外,双手交叉,左右对比,由前胸到后胸,比较对称部位语音震颤的不同(图 2-2-4)。

(2) 影响因素:容易受年龄、性别、体型、部位、发音强弱、音调高度、胸壁厚薄以及支气管与胸壁的距离影响。

3. 乳房检查 先检查健侧,后检查患侧。注意乳房弹性、质地,有无压痛、肿块等。乳房自我检查应每月一次,每次月经结束后 2~3 天检查。

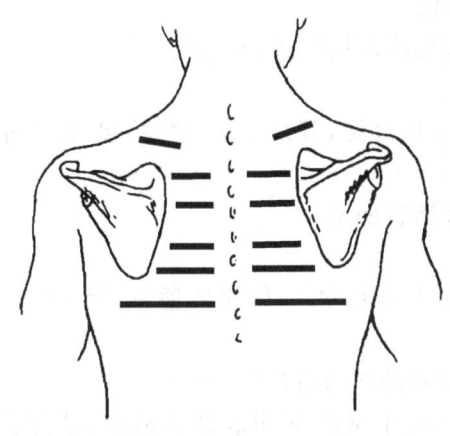

图 2-2-4 后胸部检查语音震颤的部位

(1) 体位:被检查者取坐位,先两臂下垂,然后双臂高举超过头部或双手叉腰再行检查。当被检查者仰卧位时,可垫以小枕头抬高肩部使乳房能较对称地位于胸壁上。以乳头为中心做垂直线和水平线,将乳房分为 4 个象限,便于记录病变部位。

(2) 方法:检查者的手指和手掌应平置在乳房上,应用指腹,轻施压力,以旋转或来回滑动进行触诊。检查左侧乳房时,由外上象限开始,沿顺时针方向由浅入深触诊直至乳房,最后触诊乳头;同样的方法检查右侧,但沿逆时针方向进行,注意不要遗漏乳腺尾部(图 2-2-5 乳房检查)。

(三)叩诊

1. 体位

(1) 一般取坐位或仰卧位,姿势对称,肌肉松弛,呼吸平静而均匀。

(2) 检查前胸时,胸部稍向前挺。

(3) 检查侧胸壁时,双臂抱头。

(4) 检查背部时,两肩应自然下垂,身体稍向前弯,头略低。

(5) 侧卧位时必须两侧卧位对比叩诊,以排除由体位不同引起的差异。

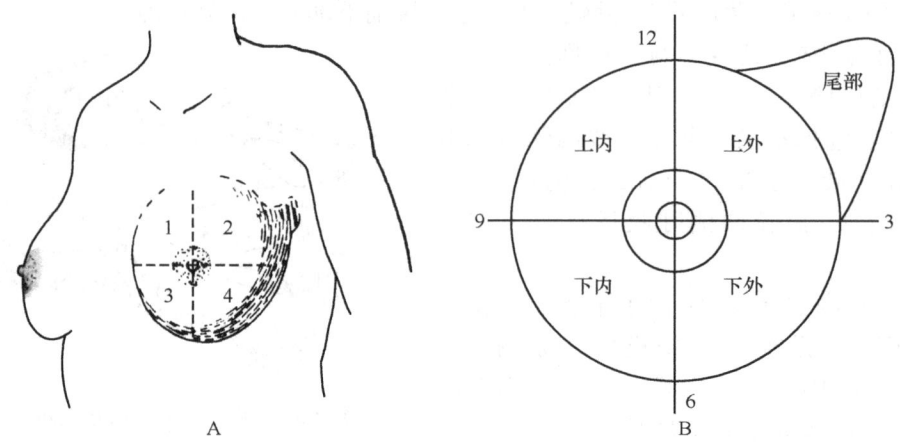

图 2-2-5 乳房检查

2. 方法 叩诊的方法包括直接叩诊法与间接叩诊法。

(1) 直接叩诊法:检查者用中指掌侧或手指并拢以指腹对胸壁进行叩击。

(2) 间接叩诊法

1) 将左手中指第 1 和第 2 指节作为叩诊板,平贴于肋间隙,其余手指稍微抬起,避免靠近胸壁皮肤,以免影响音响的传导。

2) 右手中指指端以垂直的方向叩击左手板指第 2 指骨前端。

3) 自上而下,先前胸壁后侧胸壁,最后背部。

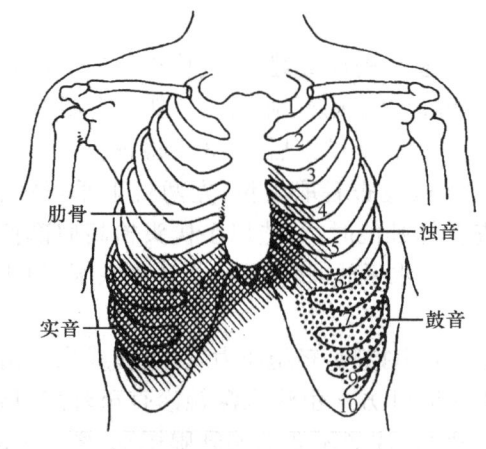

图 2-2-6 正常前胸部叩诊音

4) 叩击力量要均匀,轻重要适宜,每次叩击 2～3 下。

3. 正常胸部叩诊音(图 2-2-6)

(1) 性质:正常胸部叩诊音为清音,特点音调低,音响强,持续时间长。

(2) 肺上界(肺尖)叩诊方法

1) 检查者站在受检者背后。

2) 自斜方肌前缘中央部开始叩诊为清音,逐渐叩向外侧。

3) 当清音变为浊音时用笔作记号,即为肺上界的外侧终点。

4) 再由中央部向内侧叩诊,至变为浊音时用笔作记号,即为肺上界的内侧终点。

5) 两侧记号间距离表示肺尖的范围,正常约为 5～6cm,又称 Kronig 峡(图 2-2-7)。

(3) 肺前界:正常右肺前界基本与胸骨右缘一致,左肺前界相当于心脏绝对浊音界。

(4) 肺下界:受检查者平静呼吸,双侧肺下界于锁骨中线、腋中线及肩胛下角线,分别位于第 6、8、10 肋间隙。矮胖者肺下界可上升 1 肋间隙,瘦长者可下降 1 肋间隙;妊娠时肺下界可上升。左右肺下界大致相同。

(5)肺下界移动范围叩诊方法

1)在平静呼吸时,先叩出肺下界的位置。

2)嘱受检查者深吸气后屏住呼吸,重新在肩胛下角线或锁骨中线、腋中线上叩出肺下界,这时肺下界下降,用笔作标记。

3)再深呼气后屏住呼吸叩出肺下界,再作标记。

4)两个标记间的距离即为肺下界移动范围。正常人肺下界移动范围为6~8cm(图2-2-7)。

(四)听诊

1. 体位 听诊是胸部最重要的检查方法。受检查者宜取坐位或仰卧位。

2. 方法

(1)一般由肺尖开始,自上而下,分别检查前胸、侧胸部和背部,左右对称部位进行对比听诊。

图2-2-7 正常肺尖宽度(Kronig 峡)与肺下界移动范围

(2)听诊时,被检查者微张口作平静而均匀呼吸,必要时可做深呼吸或咳嗽几声后听诊。

3. 注意事项

(1)听诊应在安静的环境进行,以免外界嘈杂声音干扰。

(2)春冬季节室内宜暖和,以排除寒冷刺激肌束颤动出现附加音,影响听诊效果。

(3)应注意听诊器的耳件方向是否正确,管腔是否通畅,体件应紧贴于胸壁,避免与皮肤摩擦而产生附加音。

4. 听诊的内容 听诊的内容包括呼吸音、啰音、胸膜摩擦音及语音共振等。

(1)呼吸音:听诊呼吸音时应注意其强度、高低、性质及呼吸时相的长短等。正常肺部可听到四种呼吸音:气管呼吸音、支气管呼吸音(管状呼吸音)、肺泡呼吸音及支气管肺泡呼吸音(混合呼吸音,图2-2-8)。

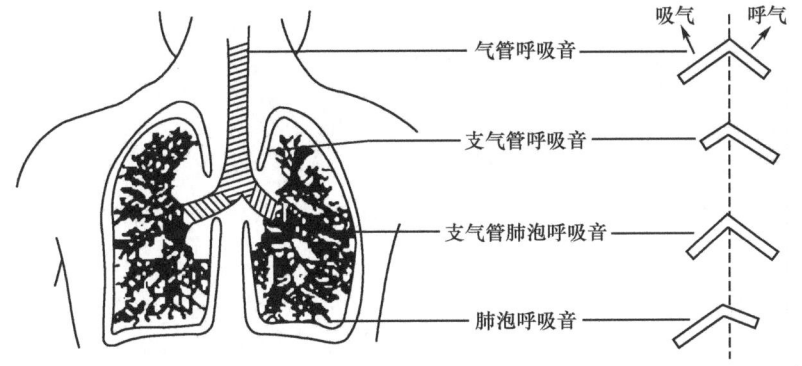

图2-2-8 正常呼吸音的分布及特点

1)气管呼吸音的特点:为空气进出气管所发出的声音,粗糙、响亮且高调,吸气与呼气相几乎相等,于胸外气管上面可听及。

2）支气管呼吸音的特点：为吸入的空气在声门、气管或主支气管形成湍流所产生的声音。音响强，音调高，吸气相短于呼气相。颇似将舌抬高后呼气时所发出的"ha"音。正常人在喉部、胸骨上窝、背部第6、7颈椎及第1、2胸椎附近可闻及。

3）肺泡呼吸音的特点：肺泡呼吸音是由于空气在细支气管和肺泡内进出移动的结果。声音柔和吹风样，音调低，音响弱。类似上齿咬下唇吸气时发出的"fu-fu"音。吸气相长于呼气相。在正常肺组织上都可听到肺泡呼吸音，以乳房下部、肩胛下部和腋窝下部较强。

4）支气管肺泡呼吸音的特点：吸气音性质与正常肺泡呼吸音相似，但音调较高且较响亮。呼气音的性质与支气管呼吸音相似，但音响较弱，音调较低；吸气与呼气的时相大致相等。正常在胸骨两侧第1、2肋间隙，肩胛间区第3、4胸椎水平及肺尖前后部可听到此种呼吸音。

（2）啰音及胸膜摩擦音：正常人听不到啰音及胸膜摩擦音。

（3）语音共振：当被检查者按平时谈话的音调数"yi"时，在胸壁上可用听诊器听到柔和而模糊的声音，即语音共振。

【思考题】

（1）试述胸部的体表标志及其临床意义。

（2）正常呼吸音有几种？详述其特点及分布的区域。

（3）乳房自我检查方法？

（广东医学院护理学院　张　洪）

第三节　胸廓及肺部病理体征检查

【目的要求】

(1) 掌握胸廓、肺脏常见的病理体征,并学会检查方法。
(2) 了解胸廓、肺脏病理体征的发生机理及其临床意义。
(3) 通过多媒体心肺听诊技能训练实验系统练习及检查,能获得较为准确的检查结果。

【实验方法】

(1) 组织学生观看异常呼吸系统检查的视频资料。
(2) 每组 2 名学生,利用多媒体肺部听诊技能训练实验系统,在模拟人上进行练习。
(3) 教师在附属医院选好大叶性肺炎、慢性支气管炎、支气管哮喘、肺气肿、气胸、胸腔积液、肺结核、肺肿瘤及其他有肺部体征的典型疾病患者,在教师指导下分组实验,按视、触、叩、听检查方法检查肺部病理体征。
(4) 完成实验报告。

【实验器材】

听诊器、尺、标记笔、多媒体肺部听诊技能训练实验系统。

【实验时间】

3 学时。

【实验内容】

一、视　　诊

(一) 体位

心、肺功能不全时患者多喜半坐卧位、端坐位。一侧胸膜炎取侧卧位等。

(二) 胸壁

上腔静脉或下腔静脉回流受阻时,胸壁上可见皮下静脉怒张。

(三) 胸廓形态

肺气肿——桶状胸;佝偻病——鸡胸及漏斗胸;胸廓隆起——胸腔积液、气胸、心包积液;胸廓凹陷——肺不张、胸膜粘连(图 2-3-1、图 2-3-2)。

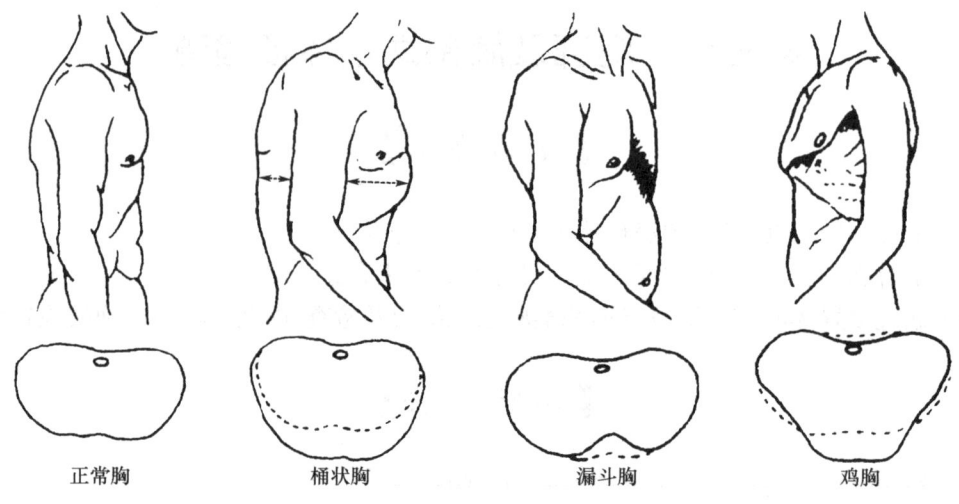

图 2-3-1 胸廓外形的改变

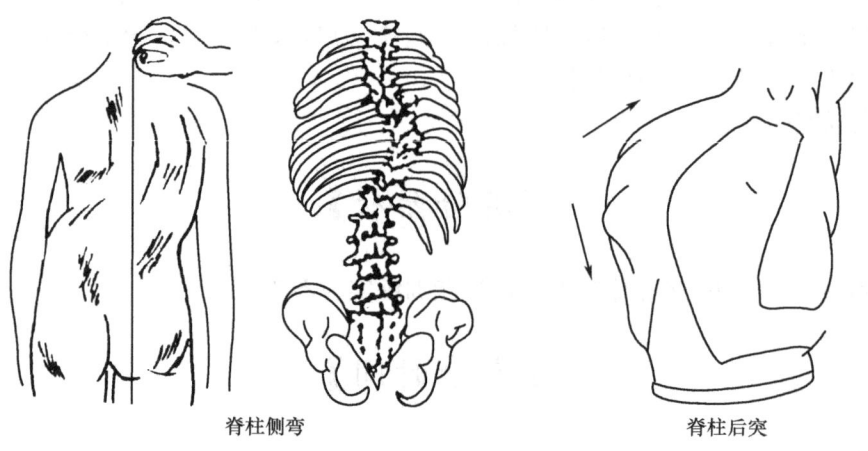

图 2-3-2 脊柱畸形所致胸廓改变

(四)呼吸运动

观察呼吸类型、频率、节律和深度,有无呼吸运动减弱或消失。

1. 呼吸类型

(1)胸式呼吸减弱或消失而腹式呼吸增强:见于肺部、胸膜疾病或胸壁疾病等。

(2)腹式呼吸减弱而胸式呼吸增强:见于腹膜炎、大量腹水和腹腔巨大肿瘤等。

2. 呼吸频率(图 2-3-3)

(1)呼吸频率增快:见于运动后或发热、疼痛、贫血、甲状腺功能亢进、心功能不全等。

(2)呼吸深度受限:见于严重腹胀、肺气肿、胸膜炎等患者。

3. 呼吸节律(图 2-3-3)

(1)潮式呼吸(Cheyne-Stokes's respiration)又称陈施呼吸。

1)特点:呼吸由浅慢逐渐变为深快,然后再由深快转为浅慢,随之出现一段呼吸暂停

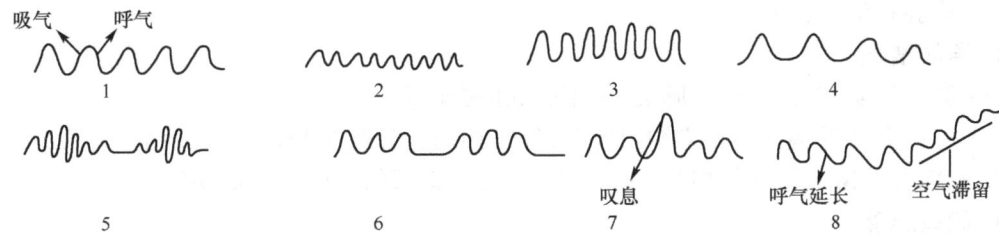

图 2-3-3 呼吸频率与节律
1. 正常呼吸;2. 浅快呼吸;3. 深快呼吸;4. 呼吸过缓;5. Cheyne-stokes 呼吸;6. Biot's 呼吸;7. 叹气样呼吸;8. 阻塞性呼吸

后,又开始如上变化的周期性呼吸。

2) 常见病变:药物引起的呼吸抑制和大脑皮质损伤等。

(2) 间停呼吸(Biot's respiration) 又称毕奥呼吸。

1) 特点:规则呼吸几次后,突然停止一段时间,又开始呼吸,即周而复始的间停呼吸。

2) 常见病变:颅内压增高、药物引起的呼吸抑制和大脑延髓损伤等。

(3) 深长呼吸或库什摩(Kussmaul)呼吸

1) 特点:呼吸深长。

2) 常见病变:尿毒症或糖尿病酸中毒。

(4) 抑制性呼吸

1) 特点:吸气相突然中断,呼吸运动短暂地突然受抑制,呼吸较正常浅而快。

2) 常见病变:急性胸膜炎、胸膜恶性肿瘤、肋骨骨折及胸部严重外伤等。

(5) 叹息样呼吸

1) 特点:在一段正常呼吸节律中插入一次深大呼吸,并常伴叹息声。

2) 常见病变:神经衰弱、精神紧张和抑郁症等。

4. 呼吸道受阻的呼吸改变 当大呼吸道部分梗阻时,吸入气流受阻,呼吸肌强力收缩,使胸、肺内负压加大,出现胸骨上窝、锁骨上窝及肋间隙向内凹陷,称为"三凹征"。气管异物或喉头水肿患者中可观察到"三凹征"及吸气性呼吸困难;支气管哮喘或阻塞性肺气肿患者中,可观察到呼气性呼吸困难。

二、触　　诊

(一) 呼吸运动

(1) 大量胸腔积液、气胸、肺不张等,病侧活动度减弱。

(2) 肺气肿时双侧呼吸运动减弱。

(3) 酸中毒时,呼吸深快,活动度可加强。

(二) 语音震颤

1. 语颤减弱或消失

(1) 肺泡内含气量过多,如肺气肿等。

(2) 支气管阻塞,如阻塞性肺不张。

(3) 胸腔积液、气胸。

2. 语颤增强

(1) 肺组织实变,如大叶性肺炎、肺不张、肺梗死等。

(2) 肺内有靠近胸壁的大空洞,且与支气管相通。如肺脓肿,肺结核性空洞。

3. 胸膜摩擦感　如皮革相互摩擦的感觉,常于胸廓的下前侧部最易触及。

4. 胸壁压痛

(1) 浅部压痛——皮肤、肌肉、骨骼或神经病变所致。

(2) 深部触压痛——胸膜疾病或肺部疾病累及胸膜。

(3) 白血病——胸骨、锁骨、肋骨疼痛或压痛。

5. 气管位置

(1) 肺不张、肺萎缩——气管向患侧移位。

(2) 大量胸腔积液、气胸、纵隔肿瘤——气管向健侧移位。

三、叩　　诊

(一) 肺上界

(1) 肺上界变小——肺结核或炎症浸润。

(2) 肺上界扩大——肺气肿。

(二) 肺下界

(1) 肺下界下降——肺气肿、腹腔内脏下垂。

(2) 肺下界上升——肺萎缩、膈肌升高。

(三) 肺下界移动度

(1) 肺下界移动度减弱——肺气肿、肺萎缩、胸膜轻度粘连。

(2) 肺下界移动度消失——大量胸腔积液、气胸、胸膜广泛粘连。

(四) 肺前界

(1) 肺前界扩大——纵隔肿瘤、心脏扩大。

(2) 肺前界缩小——肺气肿。

(五) 肺部异常叩诊音

1. 浊音和实音

(1) 肺组织的含气量减少,如肺炎、肺结核、肺梗死等。

(2) 肺内不含气的病变,如肺肿瘤、未穿破的肺脓肿等。

(3) 胸膜腔积液、胸膜增厚或纤维性病变等。

2. 鼓音　肺内大空洞,如肺结核空洞、肺脓肿;高度支气管扩张或气胸等。

3. 过清音　肺组织含气量过多的疾病,如肺气肿。

四、听　　诊

(一) 病理性呼吸音

1. 病理性肺泡呼吸音

(1) 肺泡呼吸音减弱或消失

1) 支气管阻塞,如肿瘤压迫等。

2) 肺疾病,如肺炎等。

3) 胸腔疾病,如胸腔积液等。

4) 胸廓活动受限,如剧烈胸痛等。

5) 呼吸肌疾病,如重症肌无力等。

6) 膈肌升高,如腹水等。

7) 呼吸中枢受抑制,如颅内压增高等。

(2) 肺泡呼吸音增强:常见于运动后或发热、新陈代谢亢进等。

(3) 呼气音延长:由于呼吸道部分阻塞或狭窄(如炎症、痉挛)所致,如支气管哮喘、肺气肿患者。

2. 病理性支气管呼吸音　在正常肺泡呼吸音部位听到支气管呼吸音,为病理性支气管呼吸音。可出现下列情况:

(1) 肺组织实变:如大叶性肺炎实变期、肺结核等。

(2) 肺内大空洞:如肺结核空洞等。

(3) 压迫性肺不张:如肿瘤等。

3. 病理性支气管肺泡呼吸音　在正常肺泡呼吸音部位听到此音为病理性支气管肺泡呼吸音。支气管肺炎、肺结核或大叶性肺炎初期患者可听到此种病理性呼吸音。

(二) 啰音

听诊啰音时,嘱患者经口呼吸或做深呼吸,亦可嘱患者连续咳嗽后做深呼吸,这样可增加空气流动,使啰音消失、出现或更清楚。

1. 干啰音　系由于气管、支气管或细支气管狭窄或部分阻塞,空气吸入或呼出时发生湍流所产生的声音。

(1) 分类

1) 鼾音:音调低而响亮,类似酣睡时打"呼噜"的声音。

2) 哨笛音:高调的干啰音,常描述为乐性音、咝咝音或哮鸣音等。

(2) 特点

1) 在呼气及吸气时均能听到,在呼气时较明显。

2) 音调较高,持续时间较长。

3) 性质多变,部位易变换不定,数量在短时间内可增多或减少。

两肺干啰音:常见于慢性支气管炎、支气管哮喘、心源性哮喘等患者。

局限性干啰音:见于支气管内膜结核或肿瘤等患者。

2. 湿啰音　系由于吸气时气体通过呼吸道内的分泌物如渗出液、痰液、血液和脓液等,形成的水泡破裂所产生的声音,故又称水泡音。

(1) 分类：可分为大、中、小三种水泡音和捻发音。
(2) 特点
1) 多在吸气时出现，在吸气终末增多而清楚。
2) 呈断续而短暂的水泡破裂音，可一连串出现多个声音。
3) 出现的部位较恒定，易变性小。
4) 咳嗽后可减轻或消失。
两肺满布湿啰音：多见于急性肺水肿或严重支气管肺炎患者。
两肺底湿啰音：心功能不全所致的肺淤血或支气管肺炎。
局限性湿啰音：局部病变如肺炎，支气管扩张或肺结核等患者。

（三）胸膜摩擦音

胸膜摩擦音的特点包括：
(1) 易在肺脏移动度大的部位听到，如最常听到的部位是前下侧胸壁。
(2) 吸气末或呼气初较明显，屏气时即消失。
(3) 在听诊器体件上加压时，声音常更清楚。
(4) 声音断续，多较粗糙。
(5) 易变性，短期内可出现、消失或再现，但咳嗽后不变。

【思考题】

(1) 试述异常胸廓的特征。
(2) 呼吸困难有哪几种类型？常见于哪些疾病？
(3) 试述潮式呼吸、间停呼吸、深长呼吸的特点及临床意义。
(4) 简述湿啰音的产生机制及临床意义。

附 表 三

胸廓及肺部检查实验报告

胸部：

胸部形状_____

胸壁压痛（有无压痛及部位）_____

乳房：_____

肺部：

视诊：呼吸运动度_____ 胸壁静脉_____

触诊：胸廓扩张度_____

　　　语音震颤_____

　　　摩擦感_____

叩诊：肺部叩诊音_____

　　　肺下界：左侧 锁骨中线_____ 腋中线_____ 肩胛_____

　　　　　　　右侧 锁骨中线_____ 腋中线_____ 肩胛_____

　　　肺下界移动度_____

听诊：呼吸音_____

　　　啰音_____

　　　语音共振_____

　　　摩擦音_____

　　　　　　　　　　　　　　　　　　　　　　签名：

　　　　　　　　　　　　　　　　　　　　　　日期：

（广东医学院附属医院 邱锡坚）

第四节 正常心脏血管检查

【目的要求】

(1) 掌握心尖搏动的正常位置和心脏瓣膜听诊区的位置。
(2) 熟悉第一心音和第二心音,并判断心音强度和性质是否正常。
(3) 了解心界叩诊的检查方法。
(4) 掌握视、触、叩、听四种基本检查方法在心脏检查中的应用。

【实验方法】

(1) 组织学生观看正常心脏血管检查的视频资料。
(2) 教师讲解及示范。
(3) 学生以三人为一组,一人为检查者,一人为被检查者,一人为纠正员,三人交替练习。
(4) 教师巡回指导,实验结束前随机抽一名学生进行反示教,同学及教师给予纠正和指导。

【实验器材】

听诊器、尺子、标识笔、相关视频资料。

【实验时间】

3学时。

【实验内容】

一、心脏评估流程

心脏的评估流程见图2-4-1。

二、心脏评估内容

(一) 视诊

重点注意两个内容:心前区隆起和心尖搏动。
1. 心前区隆起 与右侧相应部位对称,无隆起或下陷。
2. 心尖搏动 由于心脏收缩时心脏摆动,心尖向前冲击前胸壁相应部位形成。

(1) 位置：正常成人心尖搏动位于左侧第 5 肋间锁骨中线内 0.5～1.0 cm 处。
(2) 搏动范围：搏动范围的直径约 2.0～2.5 cm，但亦有少数人看不到心尖搏动。

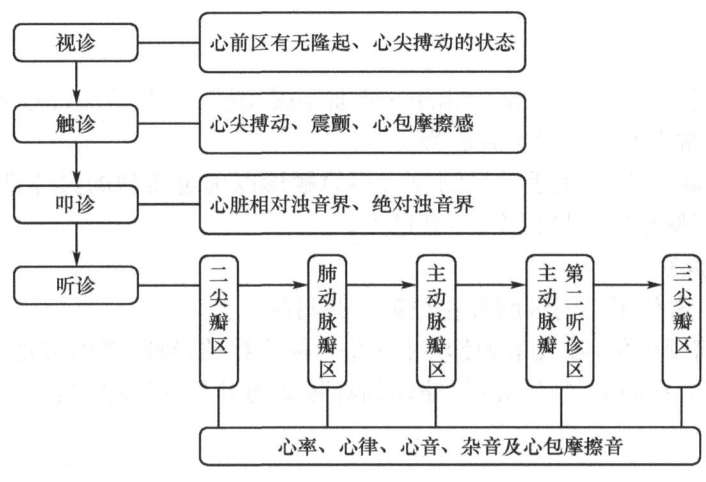

图 2-4-1　心脏评估流程图

(3) 检查注意事项
1) 注意检查心尖搏动的位置、强度、范围、节律和频率有无异常改变。
2) 根据心尖搏动的位置，常可判断心脏是否扩大或移位。
(4) 心尖搏动的位置、范围可发生变异
1) 与呼吸的关系：深吸气时，横膈下降，心尖搏动可稍下移；深呼气时，横膈上升，心尖搏动稍上移。
2) 与体型的关系：小儿及矮胖体型者，心脏呈横位，心尖搏动可向上外移至第四肋间左锁骨中线外；瘦长体型者，心脏呈悬垂位，心尖搏动可下移至第 6 肋间。
3) 与体位的关系：仰卧时，因横膈较高，心尖搏动稍上移；右侧卧位，心尖搏动可向右移 1～2.5cm；左侧卧位，心尖搏动可向左移 2～3cm。
4) 与胸壁厚度或肋间隙宽窄关系：胸壁厚或肋间隙窄者，搏动较弱且范围小；胸壁薄或肋间隙宽者，搏动相对强且范围大。
5) 纵隔位置的影响：一侧胸膜增厚或肺不张，可使纵隔向患侧移位，心尖搏动移向患侧；若一侧胸腔积液或气胸等则使纵隔向健侧移位，心尖搏动也移向健侧。

(二) 触诊
进一步确定视诊检查的心尖搏动和心前区异常搏动的结果，重点发现心脏病特有的震颤及心包摩擦感。
1. 体位　受检者应取坐位、仰卧位，身体勿倾斜。
2. 方法　多采用两步法。检查者先用右手全手掌开始检查，置于心前区，然后逐渐缩小到用手掌尺侧或示指、中指及环指指腹并拢触诊，必要时可用单指指腹触诊。
3. 内容
(1) 心前区搏动触诊内容
1) 证实视诊所见的心尖搏动及其范围。

2) 发现视诊不到的心尖搏动。

3) 心尖搏动的凸起冲动标志着心室收缩期的开始,可利用触诊来确定心音、杂音及震颤出现的时期。

(2) 震颤

1) 震颤是用手触诊时手掌感到知的一种细小震动感,与在猫喉部摸到的呼吸震颤类似,又称猫喘。正常人心前区触不到震颤。

2) 检查注意事项:①常用手掌尺侧(小鱼际)触诊以确定震颤的具体部位和时相;②检查时注意手掌按压胸壁的力量适度,不宜过大。

(3) 心包摩擦感

1) 触诊部位:常位于心前区胸骨左缘第 4 肋间触及。

2) 特点:①前倾坐位,呼气末触诊最佳;②一种连续的、较粗糙的震动感,与心跳一致,不因屏气而消失;③在心前区触知的收缩期和舒张期均触及,以收缩期明显;④正常人无心包摩擦感。

(三) 叩诊

心脏不含气,其不被肺遮盖的部分,呈绝对浊音(实音)。心左右缘被肺遮盖的部分,呈相对浊音。叩心界指心相对浊音界,反映的是心脏的实际大小。

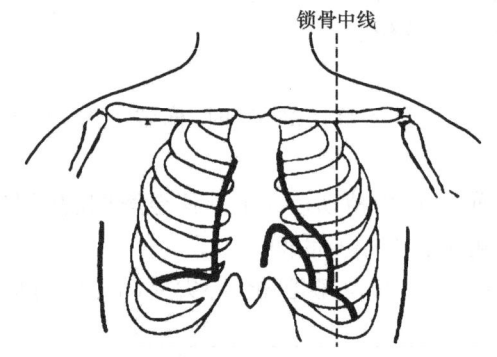

图 2-4-2 心脏绝对和相对浊音界

1. 方法

(1) 受检者取仰卧位或坐位,平静呼吸。

(2) 用左手中指作为叩诊板指,平置于心前区拟叩诊部位。

(3) 受检者取坐位时,板指与肋间垂直(与心缘平行);受检者取仰卧位时,板指与肋间平行(与心缘垂直)。

(4) 以右手中指叩击板指,由清音变为浊音确定心界。

(5) 确定浊音界时,应以叩诊板指正下方为准(图 2-4-2)。

2. 叩诊顺序

(1) 先叩左界,后叩右界。

(2) 从外向内,由下向上沿肋间隙进行。

(3) 叩诊心脏左界时,从心尖搏动外 2~3cm 处开始,逐个肋间而上,至第 2 肋间。

(4) 叩诊心脏右界时,先叩出肝上界,然后在其上一肋间开始,逐一肋间向上叩诊,直至第 2 肋间为止。

(5) 对各肋间的浊音界逐一作出标记,用硬尺测量前正中线至各标记点的垂直距离,再测量左锁骨中线至前正中线的距离(表 2-4-1)。

表 2-4-1 正常成人心脏相对浊音界

右界(cm)	肋间	左界(cm)
2~3	Ⅱ	2~3
2~3	Ⅲ	3.5~4.5
3~4	Ⅳ	5~6
	Ⅴ	7~9

注:左锁骨中线距前正中线为 8~10cm

（四）听诊

心脏听诊在心脏病的诊断中最重要和较难掌握。在实习中必须反复实践,反复体验。

1. 体位 受检查者取坐位或仰卧位,必要时可变换体位。如二尖瓣狭窄——左侧卧位;主动脉瓣关闭不全者——坐位且上半身前倾。为了使杂音更易听到,可嘱被检查者进行适量运动后进行听诊,或嘱其于深呼气末屏住呼吸再听诊。

2. 心脏各瓣膜听诊区（图2-4-3）

（1）二尖瓣听诊区:正常位于左侧第5肋间锁骨中线内0.5~1.0cm处。

（2）主动脉瓣听诊区:有两个听诊区。第一听诊区位于胸骨右缘第2肋间,第二听诊区位于胸骨左缘第3肋间。

（3）肺动脉瓣听诊区:在胸骨左缘第2肋间。

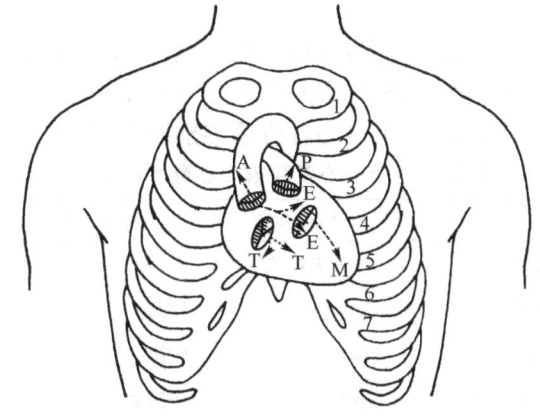

图2-4-3 心脏各瓣膜听诊区

M:二尖瓣区;A:主动脉瓣区;E:主动脉瓣第二听诊区(Erb区);P:肺动脉瓣区;T:三尖瓣区

（4）三尖瓣听诊区:在胸骨体下端左缘,即胸骨左缘第4、5肋间。

3. 听诊顺序 心脏听诊常按逆时针方向依次进行,即二尖瓣区→肺动脉瓣区→主动脉瓣区→主动脉瓣第二听诊区→三尖瓣区。

4. 听诊内容 心脏听诊内容包括心率、心律、心音、额外心音、杂音及心包摩擦音等。

（1）心率:一般计数1分钟心脏搏动次数即可,但在心率较慢或节律不规整时,应数2~3分内心脏的搏动次数,取其每分钟的平均值作为心率。正常人心率为60~100次/分,大多数为60~80次/分。成人心率超过100次/分,但低于160次/分,称心动过速。成人心率低于60次/分称心动过缓。

（2）心律:指心脏跳动的节律。正常人属窦性心律,心律规则。但在健康儿童、青年及部分成年人中,心律可随呼吸运动而出现周期性变化,吸气时增快、呼气时减慢,称窦性心律不齐,一般无临床意义。

（3）心音:心音有四个,按其出现的先后顺序称为第一心音、第二心音、第三心音和第四心音。通常只能听到第一心音和第二心音;第三心音有时可听到,尤其在儿童和青少年时期易听到;第四心音一般听不到,如听到第四其心音,多属病理性。正常青少年肺动脉瓣听诊区第二心音较主动脉瓣听诊区第二心音强($P_2>A_2$);老年人则相反($A_2>P_2$);中年人二者相等($A_2=P_2$)。

1）第一心音(S_1)

A. 产生机制:主要由心室收缩开始时,二尖瓣、三尖瓣骤然关闭时的振动所产生。心室肌收缩、心房收缩的终末部分及半月瓣开放,血流冲入大血管等所产生的振动,亦参与第一心音的形成。

B. 听诊特点:音调较低钝,强度较响,历时较长(约0.1s),心尖部最强,与心尖搏动同时出现。

C. 标志:S_1标志心室收缩开始。

2) 第二心音(S_2)

A. 产生机制：主要由心室舒张开始时，肺动脉瓣和主动脉瓣关闭的振动所产生。心肌的弛缓、大血管内血液流动及二尖瓣和三尖瓣开放等所产生的振动，亦参与第二心音的形成。

B. 听诊特点：音调较高而脆，强度较 S_1 弱，历时较短（约 0.08s），心底部最强。

C. 标志：S_2 标志心室舒张的开始。

3) 第一、第二心音听诊鉴别要点，见表 2-4-2。

表 2-4-2 第一心音和第二心音鉴别要点

	第一心音	第二心音
机制	二、三尖瓣关闭	主、肺动脉瓣关闭
音调	较低	较高
强度	较响	较第一心音弱
性质	较钝	较清脆
所占时间	较长,持续约 0.1s	较短,约 0.08s
与心尖搏动关系	同时出现	之后出现
听诊部位	心尖部	心底部

4) 第三心音(S_3)

A. 产生机制：心室快速充盈末血液冲击心室壁，心室肌纤维伸展延长，使心室壁、腱索和乳头肌突然紧张、振动所致。

B. 听诊特点：为 S_2 之后听到的短促而弱的声音，酷似 S_2 的回声，音调轻而低调，持续时间短（约 0.04s）而强度弱，在心尖部及其内上方听得较清楚；在仰卧位或左侧卧位、呼气末或运动后心率加快又逐渐减慢时更清楚。部分正常儿童及青少年中听到。

5) 第四心音(S_4)：出现在 S_1 开始前 0.1s，是由于心房收缩使房室瓣及其相关结构突然紧张、振动所致。

【思考题】

(1) 正常心尖搏动的位置。
(2) 怎样判断心脏大小、形状及其在胸腔内的位置。
(3) 心脏瓣膜听诊区的正常位置，心脏听诊的顺序。
(4) 第一心音与第二心音的区别。

(广东省人民医院　严冰华)

第五节　心脏血管病理体征检查

【目的要求】

(1) 熟悉心脏各种病理体征的检查方法及临床意义。

(2) 熟悉心脏杂音的产生机理及临床意义，掌握其诊断要点，并能辨别收缩期及舒张期杂音、连续性杂音。

(3) 熟悉常见心律失常的特点（心动过速、心动过缓、早搏及房颤）。

【实验方法】

(1) 组织学生观看心血管病理体征检查的视频资料。

(2) 教师示范多媒体心脏检查技能训练实验系统，学生在系统上练习。

(3) 教师在附属医院选好心律失常等典型心血管疾病患者，在教师指导下分组实验，按视、触、叩、听检查方法检查心脏病理性体征。

(4) 学生反示教，教师小结及布置课后作业。

【实验器材】

听诊器、尺子、多媒体心脏听诊技能训练实验系统。

【实验时间】

3学时。

【实验内容】

一、视　　诊

（一）异常心前区外形

隆起见于先天性心脏病或风湿性心脏病伴右心室增大。

（二）异常心尖搏动

1. 位置的变化

(1) 心脏疾病：左心室增大致心尖向左向下移位；右心室增大致心尖向左移位；左右心室均增大致心尖左下移位伴心浊音向两侧扩大。

(2) 胸部疾病

1) 一侧胸腔积液或气胸:心尖移向健侧。
2) 一侧肺不张或胸膜粘连:心尖移向患侧。
(3) 腹部疾病:腹水或腹腔巨大肿瘤:心尖向上移。

2. 强弱及范围的变化

(1) 搏动弱:范围减小见于胸壁增厚或肋间隙狭窄,也见于病理情况下,如心包积液,缩窄性心包炎等等。

(2) 搏动强:范围较大见于胸壁薄或肋间隙狭宽,也见于病理情况下,如高热,甲状腺功能亢进。

(三) 心前区异常搏动

胸骨左缘第 3~4 肋间或剑突下搏动,多见于右心室肥大。

二、触　诊

1. 抬举性搏动　左心室肥大时心尖搏动增强,用手指触诊,可使指端抬起片刻,为左室肥大的可靠体征。

2. 猫喘　用手触诊时手掌感觉到的一种细小震动感,为器质性心血管病的特征性体征,多见于心脏瓣膜狭窄以及某些先天性心脏病。

3. 心包摩擦感　心包摩擦感是一种与胸膜摩擦感相似的心前区摩擦震动感。以胸骨左缘第三、四肋间最易触及,坐位前倾或呼气末明显,见于急性心包炎。

三、叩　诊

(一) 步骤以及方法

叩诊步骤以及方法见于第四节。

(二) 浊音界改变及其临床意义

1. 心脏本身病变

(1) 左心室增大:心浊音界向左下增大,心腰加深,心界似靴形,常见于主动脉瓣关闭不全或高血压性心脏病。

(2) 右心室增大:心绝对浊音界扩大,相对浊音界无明显变化。显著增大时,相对浊音界向左右两侧增大,以向左扩大明显,常见于肺心病。

(3) 左、右心室增大:心浊音界向两侧增大,且左界向左下增大,常见于扩张型心肌病、克山病等。

(4) 左心房与肺动脉段扩大:胸骨左缘第 2、3 肋间心浊音界向外扩大。心腰部饱满或膨出,心界如梨形,常见于二尖瓣狭窄。

(5) 心包积液:心界向两侧扩大,随体位改变而改变。

2. 心外因素

(1) 大量胸腔积液或气胸,患侧心界叩不出,健侧心界向外移位。

(2) 肺气肿时,心浊音界缩小或叩不出。

(3) 腹腔大量积液或巨大肿瘤时，膈肌上抬，心脏呈横位，叩诊心界向左扩大。

四、听 诊

(一) 异常心率

1. 心动过速 成人超过 100 次/分，婴幼儿超过 150 次/分。
2. 心动过缓 成人低于 60 次/分。

(二) 异常心律

1. 期前收缩（临床称早搏）
(1) 定义：指在规则心律基础上，突然提前出现一次心跳，其后有一较长间歇。
(2) 分类：
1) 二联律：连续每一次窦性搏动后出现一次期前收缩。
2) 三联律：每两次窦性搏动后出现一次期前收缩。
(3) 特点：规则的节律中提前出现的心音，其后有一较长间歇；其提前出现的心跳第一心音增强，第二心音减弱；长间歇后出现的第一个心跳，第一心音减弱。

2. 心房颤动（简称房颤）
(1) 定义：由于心房内异位节律点发出异位冲动产生的多个折返。
(2) 特点：心律绝对不规则；第一心音强弱不等；脉率少于心率，脉搏脱漏现象称为脉搏短绌。心房颤动的常见原因有二尖瓣狭窄、冠心病或甲状腺功能亢进症等。

(三) 心音改变

1. 强度改变
(1) 第一心音改变
1) 因素：主要决定因素是心室开始收缩时二尖瓣和三尖瓣的位置。
2) 增强：常见于二尖瓣狭窄、高热或甲状腺亢进。
3) 减弱：常见于二尖瓣关闭不全。
4) 强弱不等：常见于心房颤动和完全性房室传导阻滞。
(2) 第二心音改变
1) 因素：主要影响因素是体循环或肺循环阻力的大小和半月瓣的解剖改变。
2) 主动脉瓣区第二心音增强：见于高血压、动脉粥样硬化等。
3) 肺动脉瓣区第二心音增强：见于肺心病、左心衰竭等。
4) 主动脉瓣区第二心音减弱：见于主动脉狭窄、主动脉瓣关闭不全等。
5) 肺动脉瓣区第二心音减弱：见于肺动脉瓣狭窄、肺动脉瓣关闭不全等。
(3) 第一、第二心音改变
1) 同时增强：见于心脏活动增强时（劳动、情绪波动、贫血等）。
2) 同时减弱：见于心肌炎、心肌病、心肌梗死等。

2. 性质改变——钟摆律
(1) 机制：在心尖区听诊时，第一心音因心肌严重病变失去原有低钝而与第二心音相似，且多有心率增快，致收缩期与舒张期时限几乎相等。

(2) 特点：钟摆的"滴答"声。为大面积急性心肌梗死和重症心肌炎的重要体征。

（四）额外心音

1. 定义 大部分出现在第二心音之后，与原有的第一和第二心音组成的三音律，如奔马律（最常见）、开瓣音和心包叩击音等。

2. 分类

(1) 舒张期额外心音：奔马律、开瓣音、心包叩击音等。

(2) 收缩期额外心音：收缩早期喷射音、收缩中晚期喀喇音。

(3) 医源性额外音：人工瓣膜音、人工起搏音。

（五）心脏杂音

1. 定义 除心音和额外心音以外的异常声音。

2. 机制 由于血流速度加快，管径异常或心腔内漂浮物，致血流由层流变为湍流，进而形成漩涡，撞击心壁、瓣膜、腱索或大血管壁使之产生振动，从而在相应部位产生杂音。

3. 特点

(1) 部位：杂音最响部位常与病变部位有关，例如杂音在心尖部最响提示二尖瓣病变，杂音在主动脉瓣区则提示主动脉瓣病变。

(2) 时期

1) 发生在第一心音和第二心音的杂音，为收缩期杂音。

2) 发生在第二心音与下一心动周期第一心音之间的杂音，为舒张期杂音。

3) 杂音出现在收缩期和舒张期，为连续性杂音。

4) 一般认为舒张期和连续性杂音为器质性杂音。

(3) 性质：杂音的音色可形容为吹风样、隆隆样、叹气样、机器样、喷射样、乐音样等。

(4) 强度：舒张期杂音一般不分级，但亦有将其分为轻、中、重度三级。收缩期杂音的强度一般采用 Levine 6 级分级法。1~2 级为轻度杂音；3~4 级为中度杂音；5~6 级为重度杂音。一般 2/6 级以下的收缩期杂音多为功能性；3/6 级以上者多为器质性杂音（表 2-5-1）。

表 2-5-1 杂音强度分级

级别	响度	听诊特点	震颤
1	最轻	很弱，须在安静环境下仔细听诊才能听到，易被忽略	无
2	轻度	较易听到，不太响亮	无
3	中度	明显的杂音，较响亮	无或有
4	响亮	杂音响亮	有
5	很响	杂音很强，向四周甚至背部传导，但听诊器离开胸壁即听不到	明显
6	最响	杂音震耳，即使听诊器离开胸壁一定距离也能听到	强烈

(5) 杂音的形态见图 2-5-1。

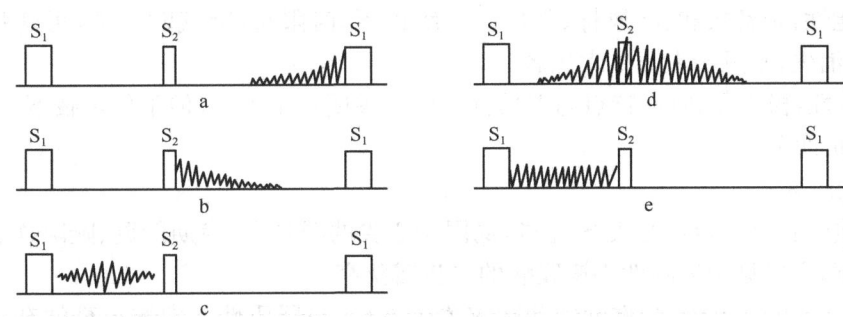

图 2-5-1 心脏各类杂音示意图

a. 递增型；b. 递减型；c. 递增递减型；d. 连续型；e. 一贯型

4. 杂音的临床意义

（1）收缩期生理性与器质性杂音的鉴别（表 2-5-2）。

表 2-5-2 收缩期生理性与器质性杂音的鉴别要点

鉴别点	生理性	器质性
年龄	儿童、青少年多见	不定
部位	肺动脉瓣区和（或）心尖区	不定
性质	柔和，吹风样	粗糙，吹风样，常呈高调
持续时间	短促	较长，常为全收缩期
强度	≤2/6 级	常≥3/6 级
震颤	无	3/6 级以上常伴有震颤
传导	局限，传导不远	沿血流方向传导较远而广

（2）收缩期杂音

1）二尖瓣区

A. 功能性：杂音性质柔和、吹风样、强度 2/6 级以下，时限短，较局限。常见于运动、贫血、发热和妊娠等。

B. 相对性：见于左室大引起的二尖瓣相对性关闭不全。

C. 器质性：杂音较粗糙、吹风样、响亮高调，强度在 3/6 级以上，持续时间长，可占全收缩期，甚至遮盖第一心音，并向左腋下传导。常见于风湿性心瓣膜病二尖瓣关闭不全、二尖瓣脱垂综合征等。

2）主动脉瓣区

A. 器质性：杂音为喷射性收缩中期杂音，响亮而粗糙，向颈部传导，常伴有震颤，且 A_2 减弱，见于主动脉瓣狭窄。

B. 功能性：杂音柔和，常有 A_2 亢进，见于升主动脉扩张，如高血压和主动脉粥样硬化。

3）肺动脉瓣区

A. 生理性：杂音柔和、吹风样、强度 2/6 级以下，时限短，见于青少年及儿童。

B. 功能性：听诊特点与生理性类似，P_2 亢进，见于二尖瓣狭窄等。

C. 器质性：杂音为喷射性，粗糙，强度 3/6 级以上，常伴有震颤，见于肺动脉瓣狭窄。

4）三尖瓣区

A. 功能性:杂音柔和、吹风样、强度 3/6 级以下,时限短,吸气时增强,可随病情好转,心腔缩小而消失,常见于右心扩大患者。

B. 器质性:极少见,听诊特点与器质性二尖瓣关闭不全类似,但不传至腋下。

(3) 舒张期杂音

1) 二尖瓣区

A. 器质性:听诊特点:心尖 S_1 亢进,局限于心尖的舒张中、晚期低调、隆隆样、递增型杂音,常伴震颤,主要见于风湿性心瓣膜病的二尖瓣狭窄。

B. 功能性:主要见于中、重度主动脉瓣关闭不全,与器质性二尖瓣狭窄的杂音鉴别(表 2-5-3)。

表 2-5-3 舒张期二尖瓣器质性与相对性狭窄杂音的鉴别

	器质性	相对性
杂音特点	粗糙,递增型舒张中、晚期杂音,常伴有震颤	柔和,递减型舒张中、晚期杂音,无震颤
拍击性 S_1	常有	无
开瓣音	可有	无
心房颤动	常有	常无
X 线心影	呈二尖瓣型,右室、左房增大	呈主动脉型,左室增大

2) 主动脉瓣区:听诊特点为杂音呈舒张早期开始的递减型柔和叹气样,常向胸骨左缘及心尖传导,于前倾坐位、主动脉瓣第二听诊区最清楚,常见于先天性或风湿性主动脉瓣关闭不全等。

3) 肺动脉瓣区:器质性病变引起者少见。相对性杂音呈递减型、柔和、吹风样,常合并 P_2 亢进,常见于二尖瓣狭窄伴明显肺动脉高压。

4) 三尖瓣区:局限于胸骨左缘第 4、5 肋间,低调隆隆样,见于三尖瓣狭窄。

(4) 连续性杂音:杂音粗糙、响亮似机器转动样,持续于整个收缩与舒张期,其间不中断。位于胸骨左缘第 2 肋间稍外侧明显,常伴有震颤,常见于先心病动脉导管未闭。

五、异常血管检查

(一) 手背浅静脉充盈度

检查方法:

(1) 患者取坐位或仰卧位,将一手保持与右心房同一水平(坐位时平第 4 肋骨,仰卧时平腋中线)。

(2) 以肩关节为轴心将手逐渐上举至一定高度时,即可见原为血液充盈的手背静脉下陷。

(3) 该手举高的距离即大约为静脉压的高度,可大致估计静脉压是否升高。

(二) 毛细血管搏动征

检查方法:用手指轻压患者指甲末端或以清洁玻片轻压其口唇黏膜,如见到红、白交替的节律性微血管舒、缩现象,即毛细血管搏动征。

（三）水冲脉

脉搏骤起骤降，急促而有力，犹如潮水涨落，见于主动脉瓣关闭不全、甲状腺功能亢进、严重贫血等。

（四）奇脉

奇脉指吸气时脉搏明显减弱或消失，系左心室搏血量减少所致，见于心包积液，缩窄性心包炎等。

（五）交替脉

交替脉为节律规则而强弱交替的脉搏，系左室收缩力强弱交替所致，为左心衰竭的重要体征之一。

各种脉波波形见图 2-5-2 所示。

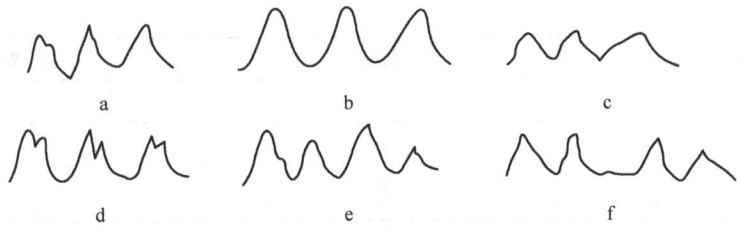

图 2-5-2　各种脉波波形
a. 正常脉波；b. 水冲脉；c. 迟脉；d. 重搏脉；e. 交替脉；f. 奇脉

【思考题】

（1）心前区隆起说明什么？
（2）影响心尖搏动移位的因素有哪些？
（3）试述室性奔马律的临床意义及其与第三心音的区别。
（4）收缩期生理性与器质性杂音的鉴别要点？
（5）主动脉瓣区与肺动脉瓣区第二心音增强、减弱的原因是什么？有什么临床意义？
（6）水冲脉和奇脉各有什么特点？有何临床意义？

附 表 四

心血管检查评估登记表

1. 心脏

视诊：心前区隆起：_____
　　　心尖搏动：位置_____ 范围_____
触诊：心脏搏动：_____
心尖搏动：位置_____ 强弱_____
　　　范围_____ 节律_____
　　　震颤：部位_____ 时期_____
　　　心包摩擦感：_____
叩诊：心浊音界

右心界(cm)	肋间	左心界(cm)
	Ⅰ	
	Ⅱ	
	Ⅲ	
	Ⅳ	
	Ⅴ	

　　　结论：心脏大小：正常_____ 扩大_____
听诊：心率_____ 心律_____
杂音：
时期_____ 性质_____ 强度_____ 传导_____
心包摩擦音_____

2. 血管检查

视诊：动脉：搏动_____ 迂曲_____
静脉：曲张/怒张_____ 血流方向_____ 搏动_____
毛细血管搏动_____
触诊：脉率_____ 脉律_____ 紧张度_____
　　　强弱_____ 波形_____ 血管性状_____
对称性_____
听诊：动脉：枪击音、Duroziez加压二重音、杂音_____
静脉：_____

（广东省人民医院　严冰华）

第六节 正常腹部检查

【目的要求】

(1) 熟悉腹部体表标志、分区与腹腔脏器的对应关系。
(2) 熟练掌握腹部检查的内容、顺序及方法。
(3) 熟练听诊和计数肠鸣音,并判断是否正常。
(4) 掌握腹部触诊的各种手法,灵活应用于各脏器的检查(重点为肝、脾触诊)。

【实验方法】

(1) 看腹部检查的相关视频资料。
(2) 老师讲解及示范,指出操作的难点、技巧。
(3) 学生以三人为一组,一人为检查者,一人为被检查者,一人为纠正员,三人交替练习。
(4) 教师巡回指导,实验结束前学生反示教,同学及老师给予指正。

【实验器材】

皮尺、热水袋一个(示范震水音及移动性浊音)、听诊器、标记笔、视频资料。

【实验时间】

3学时。

【实验内容】

一、腹部评估流程

腹部的评估流程见图2-6-1。

二、体表标志、分区

(一) 体表标志

1. 前面　剑突、肋弓下缘、腹上角、腹中线、腹直肌外缘、脐、髂前上棘、耻骨联合(图2-6-2)。

2. 背面　第12肋骨、肋脊角。

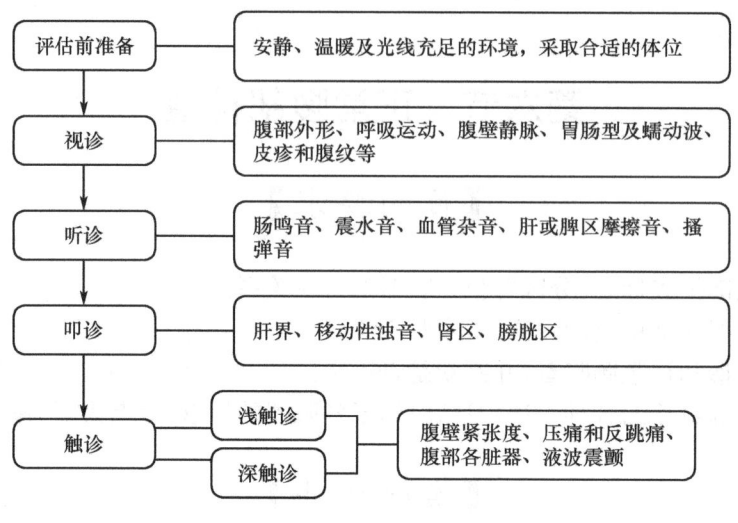

图 2-6-1 腹部评估流程图

(二) 腹部分区

1. 四区分法 通过脐水平线与腹中线将腹部分为左上腹、左下腹、右上腹、右下腹。

2. 九区分法 通过两条水平线(两侧肋弓下缘连线和两侧髂前上棘连线)与两条垂直线(左右髂前上棘至腹中线连线的中点为两条垂直线),四线相交将腹部划分为九区(图 2-6-3)。

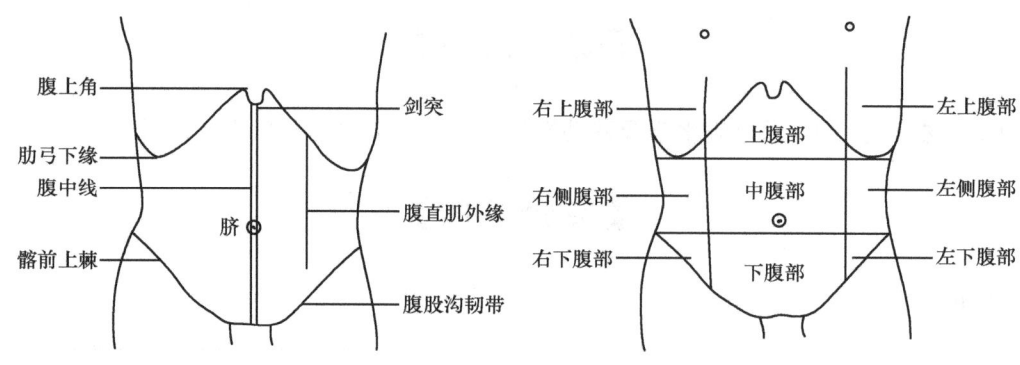

图 2-6-2 腹部前面体表标志示意图　　图 2-6-3 腹部体表分区示意图(九区分法)

九区分法各区对应主要脏器:

1. 右上腹部(右季肋部) 肝右叶、胆囊、结肠右曲、右肾上腺、右肾。

2. 上腹部 肝左叶、胃、十二指肠、大网膜、横结肠、胰体、腹主动脉。

3. 左上腹部(左季肋部) 脾、胃、横结肠、胰腺尾部、左肾、左肾上腺。

4. 右侧腹部(右腰部) 右肾、空肠、小肠。

5. 中腹部(脐部) 十二指肠、空肠及回肠、下垂的胃或横结肠、输尿管、腹主动脉、肠系膜及淋巴结、大网膜。

6. 左侧腹部(左腰部) 降结肠、左肾、空肠及回肠。

7. 右下腹部(右髂部) 盲肠、阑尾、女性右侧输卵管及卵巢、淋巴结。

8. 下腹部(耻骨上部) 膀胱、子宫、回肠、直肠。

9. 左下腹部(左髂部) 乙状结肠、女性左侧输卵管及卵巢、男性左侧精索。

三、腹部检查注意事项

(1) 光源适当,室内温暖,检查时手必须温暖,指甲剪短。
(2) 检查者站在受检者右侧,以利于右手检查。
(3) 受检者仰卧位,头垫低枕,双手自然放于躯干两侧,双腿屈曲并稍分开。暴露腹部,上至剑突,下至耻骨联合,腹部及全身肌肉松弛。
(4) 嘱受检者平静腹式呼吸,可使膈下脏器上下移动。
(5) 避免紧张,必要时检查者一边与受检者交谈,一边检查以分散患者的注意力,动作要轻,由浅入深,从正常部位查至病变部位。
(6) 检查顺序:按视诊、听诊、触诊、叩诊进行。

四、检 查 内 容

(一) 视诊

1. 腹部外形 观察受检者腹部外形,注意腹部是否对称,有无隆起或凹陷等。正常人腹部平坦(腹壁大致处于肋缘至耻骨联合同一平面或略低),两侧对称,肥胖者和小儿(特别是餐后)腹部饱满,消瘦者和老年人腹部低平。

2. 呼吸运动 观察受检者腹式呼吸,即腹壁随呼吸上下起伏,注意有无减弱或消失,观察呼吸频率与节律的变化。

3. 腹壁静脉 观察受检者腹壁静脉有无显露或曲张。正常人腹壁静脉一般不显露,皮肤较薄而松弛的老年人可见静脉暴露于皮肤,但常为较直条纹,不迂曲。

4. 胃肠型和蠕动波 观察受检者腹部有无胃肠型及胃肠蠕动波。正常人腹部一般看不到胃、肠的形状及它们蠕动的波形。但在腹壁菲薄或松弛的经产妇、老年人或极度消瘦者,偶尔可见胃肠型及蠕动波。

5. 腹壁其他情况 观察腹壁其他情况如皮疹、色素、腹纹、瘢痕、疝、体毛分布等。

(二) 听诊

1. 肠鸣音 肠蠕动时,肠管内气体和液体随之流动,产生一种断续的咕噜音或气过水声,称之为肠鸣音。正常情况下肠鸣音4~5次/分。
(1) 肠鸣音活跃:肠蠕动增强时,肠鸣音达10次/分以上,但音调不特别高亢。
(2) 肠鸣音亢进:肠鸣音次数多且响亮、高亢,甚至呈叮当声或金属音。
(3) 肠鸣音减弱:肠鸣音明显少于正常,或数分钟才听到1次。
(4) 肠鸣音消失:持续听诊3~5分未听到肠鸣音,且用手轻弹刺激仍未闻及。

2. 血管杂音 正常腹部无血管杂音,女性妊娠5个月左右可听到胎心音。

(三) 触诊

1. 触诊原则
(1) 先浅后深,即先进行浅部触诊,后进行深部触诊。
(2) 先健后患,即先从健康的无病痛部位开始,逐渐移向病痛部位。
(3) 如无明确病痛部位时,一般先从左下腹开始逆时针方向,由下而上,先左后右进行浅部触诊全腹(四个象限),然后以同样顺序进行深部触诊全腹(四个象限)。

2. 触诊评估方法

(1) 浅部触诊:用右手(或双手重叠)轻放受检者腹壁上,利用掌指关节及腕关节协调动作,柔和地进行滑动触摸,触诊深度约1cm。采用此法,适用于体表浅在病变、软组织及浅部的动脉、静脉、神经、阴囊和精索等部位的触诊。

(2) 深部触诊法:深部触诊深度使腹壁压陷至少2cm以上。

1) 深部滑行触诊:嘱受检者张口平静呼吸,或与受检者谈话以转移其注意力,使腹肌松弛。检查者以并拢的二、三、四指末端逐渐触向腹腔的脏器或包块,在被触及的脏器或包块作上下左右的滑动触摸,如为肠管或条索状包块,则应作与长轴相垂直方向的滑动触诊。此法常用于腹腔深部包块和胃肠病变的检查。

2) 双手触诊法:用两手进行触诊,右手按滑行触诊法进行,将左手置于受检查脏器或包块的后部,并将受检查部位或脏器向右手方向推动,这样可以起到固定作用,同时又可使受检查脏器或包块更接近体表以利于右手触诊。必要时可嘱受检者侧卧,此法常用于检查肾脏、脾及肝脏。

3) 深压触诊法:以一个或两、三个并拢的手指,逐渐按压腹壁以探查腹腔病变的部位或确定压痛点,如胆囊压痛点、阑尾压痛点、输尿管压痛点等。

4) 冲击触诊法:以右手并拢的示、中、环三个手指置放于腹壁需检查的相应部位,手指与腹壁成70°~90°角,作若干次快速且较有力的冲击动作,在冲击时指端有腹腔内脏器或肿块浮沉的感觉。此法一般使用于大量腹水患者肝、脾及腹腔包块难以触及者,应注意避免用力过猛。

3. 触诊内容

(1) 腹壁紧张度:应用浅部触诊法检查。正常人腹壁柔软,怕痒者或腹肌发达者可出现肌卫增强,仍属正常。

(2) 压痛及反跳痛:应用深压触诊法检查。

1) 压痛检查:根据引起压痛的可能脏器及病变检查腹部相应部位,具体方法:以1个或2~3个手指逐渐按压,触摸腹部深部病变,明确压痛部位。

2) 反跳痛检查:当腹部出现压痛后,检查者手指可于原处停留片刻,使压痛感觉趋于稳定,然后迅速抬起手,若此时患者腹痛骤然加重,并常伴有痛苦表情或呻吟,称为反跳痛。正常人无压痛、反跳痛(图2-6-4)。

图 2-6-4　压痛、反跳痛检查方法示意图

(3) 腹部肿块:应用深部触诊法。正常腹部可触及的包块包括:①乙状结肠粪块;②腰椎椎体及骶骨胛;③腹直肌肌腹;④盲肠;⑤横结肠。

(4) 肝脏触诊:应用单手或双手深部触诊法。

1)单手触诊法:较为常用,检查者将右手四指并拢,掌指关节伸直,与肋缘大致平行地放在右上腹部估计肝下缘的下方。随患者呼气时,手指压向腹深部,吸气时,手指向上迎触下移的肝缘。反复进行,手指逐渐向肋缘移动,直到触到肝缘或肋缘为止。

2)双手触诊法:右手手法同单手触诊法,检查者左手托住受检者右腰部,拇指张开置于肋部,触诊时左手向上推,使肝下缘紧贴前腹壁下移,并限制右下胸扩张,吸气时下移的肝脏更易碰到右手指,可提高触诊效果(图2-6-5)。

触及肝脏时应注意其大小、质地(质软、质韧和质硬)、边缘和表面形态、压痛、搏动、肝区摩擦感和肝震颤等。正常人一般扪不到肝脏,但儿童及少数成年人可扪及肝脏,肋下小于1厘米、质软、无压痛。

(5)脾脏触诊:应用双手触诊,检查者可用左手绕过受检者腹前方,手掌置于受检者左胸下部第9~11肋处,将脾脏从后向前托起,右手掌平放于腹部,与左侧肋弓垂直,自脐平面向上,配合呼吸如同触诊肝脏一样,逐渐移向肋弓,直至触到脾缘或左肋缘为止。如平卧不能摸及脾脏时,可让受检者改为右侧卧,左下肢屈曲进行触诊,有利于发现轻度肿大脾脏(图2-6-6)。

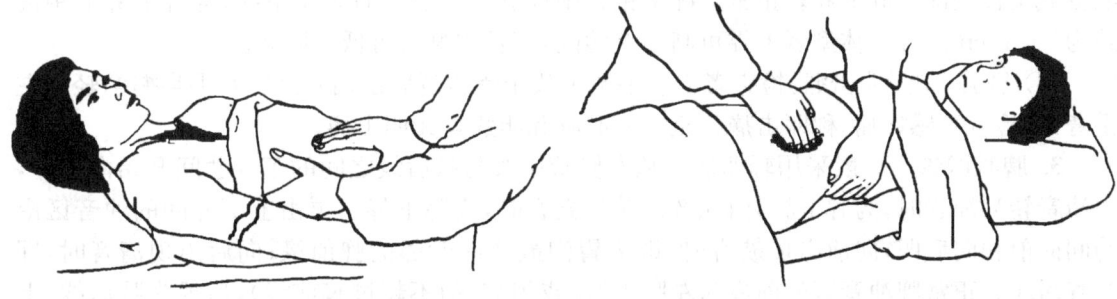

图2-6-5 肝脏双手触诊法示意图　　图2-6-6 脾脏触诊法示意图

检查应注意其大小、边缘、切迹、硬度、压痛及表面状态。正常人肋下不能触及脾脏。

(6)肾脏触诊:一般用双手触诊法,检查肾脏时受检者可取平卧位或坐位,检查者左手放在腰部,将肾脏向上托,右手在腹部进行深压触诊,在受检者深呼气末,当腹壁明显下陷时,右手向下深压,使左右两手相对合,即可触到肿大或下垂的肾脏,呈实体样感觉,边缘圆钝。正常人肾脏一般较难触及。身材瘦长者右肾下极较易触到。

(7)胆囊触诊:正常人胆囊不能触及。检查者以左手掌平放于受检者右胸下部;拇指与其余四指垂直,其余四指与右肋骨垂直;拇指指腹勾压于右肋下胆囊点处;然后嘱受检者缓慢深吸气;观察在深吸气过程中胆囊下移时碰到用力按压的拇指,是否引起疼痛。在上述检查过程中,受检者深吸气过程中胆囊下移时碰到用力按压的拇指,引起疼痛称胆囊触痛,如因剧痛而致吸气终止(不敢继续吸气),称Murphy征阳性,正常人为阴性(图2-6-7)。

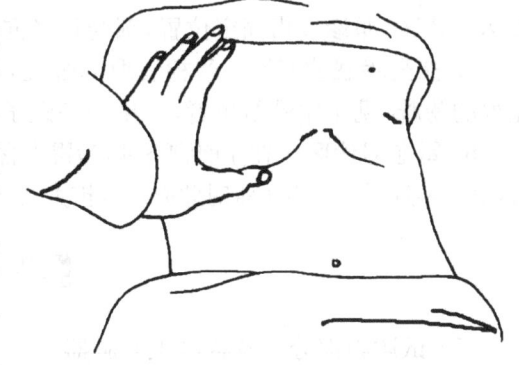

图2-6-7 Murphy征检查方法示意图

(8)液波震颤(波动感):检查者一手掌面贴于受检者一侧腹壁,另一手四指并拢屈曲,用指端叩击对侧腹壁,为防止腹壁脂肪过多引起的震动传至对侧,可请受检者或另一人将一手掌的尺侧缘压在脐部腹正中线上,阻止其传导,再叩击对侧腹部。如贴于腹壁的手掌有液体冲击之感即液波震颤。正常人无液波震颤。

（9）振水音：应用冲击触诊法，受检者仰卧位，检查者以一耳凑近上腹部或用听诊器置于胃区，同时用手冲击触诊法振动胃部，听到胃内气体与液体相撞击的声音，称为振水音。正常人在餐后或大量饮水后可有上腹振水音，但若在清晨空腹或饭后6~8小时以上仍有振水音，提示幽门梗阻或胃扩张。

（四）叩诊

1. 腹部叩诊音　一般从左下腹开始，逆时针方向，从左到右顺序叩诊全腹。正常情况下，腹部叩诊除肝、脾区呈实音、浊音，两侧腹近腰肌处呈浊音外，其余部位多呈鼓音。

2. 肝、胆叩诊

（1）肝上界：在右锁骨中线处自第二肋间开始叩诊，由清音变为浊音处代表肝浊音界即肝上界，又称肝相对浊音界。正常在右侧第五肋间，再继续向下叩，浊音变为实音时为肝绝对浊音界。

（2）肝下界：由腹部鼓音区从脐平面开始沿右锁骨中线或前正中线向上叩，由鼓音转为浊音或实音处即是肝下界。正常情况下锁骨中线肝下界位于右季肋下缘，与肝上界的距离约为9~11cm。矮胖体型者上界可高一个肋间，瘦长体型者可低一肋间。

（3）肝脏、胆囊叩击痛：检查者以左手掌平放于受检者肝区、胆囊区，右手半握拳轻叩左手背，受检者若感疼痛，称叩击痛。正常人肝脏和胆囊均无叩击痛。

3. 脾脏叩诊　一般采用轻叩法。从左侧腋中线与腋后线之间的第8间开始向下叩，由清音转为浊音时，为脾上界，由浊音再转为鼓音时，为脾下界。再由上下界间的浊音区沿肋间向前和向后叩，向前出现鼓音时，即为胃泡鼓音区毗邻的脾前缘；向后出现清音时，即为脾后缘。正常脾浊音区的前界为左腋中线（或稍前，但不超过腋前线），后界为腋后线、上界为第9肋骨，下界为第11肋骨，横宽约4~7cm。

4. 移动性浊音　嘱受检者取仰卧位、左侧卧位或右侧卧位等不同体位进行腹部叩诊时，浊音区随体位变动而变动的现象，称为移动性浊音。当腹腔内游离腹水在1000ml以上时，则可查得移动性浊音。

方法：先从脐部开始，沿脐平面向左侧叩诊，如叩诊变为浊音，叩诊板指固定（不离开皮肤），嘱受检者向右侧卧位，重新叩诊该处，如呈鼓音，表明浊音移动；然后向右侧移动叩诊，直达浊音区，叩诊板指固定位置，嘱受检者向左侧卧位，再次叩诊，验证浊音是否移动。

5. 充盈膀胱的叩诊　受检者取仰卧位，从脐正中线脐部向下叩诊，由鼓音变浊音，代表充盈的膀胱，见于尿潴留患者，亦见于妊娠子宫或卵巢囊肿等。

6. 胃泡叩诊区　在左前胸下部，为胃内含气所致，上为肺下缘，右为肝左缘，左为脾，下为肋弓，呈一半月形区。胃扩张时此鼓音区扩大，肝脾肿大时，则缩小，可以间接探知肝脾大小程度。

【思考题】

（1）试述腹部分区及各区主要脏器。
（2）腹部触诊应注意什么？
（3）腹部触诊有哪些方法？在检查时如何运用？
（4）描述胆囊点、McBurney点的位置。

（广东医学院附属医院　许仕超）

第七节　腹部病理体征检查

【目的要求】

(1) 进一步练习腹部体查的方法。
(2) 掌握腹部常见疾病的体征及临床意义。

【实验方法】

(1) 教师示范多媒体腹部检查技能训练实验系统，学生在系统上练习。教师重点示教后，学生分组在电子标准化病人身上检查。
(2) 安排同学们进病房见习，体会腹部体征的真实意义。
(3) 小结。

【实验器材】

电子人模型、听诊器、软尺。

【实验时间】

3 学时。

【实验内容】

一、视　　诊

(一) 腹部膨隆

1. 全腹膨隆　常见于腹腔积液、积气及腹腔内巨大包块等。
2. 局部膨隆　常见于胃或肠曲胀气、腹内肿物、脏器肿大、腹壁上疝等。

(二) 腹部凹陷

1. 全腹凹陷　典型呈舟状腹，见于严重消瘦、重度脱水、恶病质（结核病、恶性肿瘤）等患者。
2. 局部凹陷　较少见，多见于手术后腹壁瘢痕收缩。

(三) 呼吸运动

1. 腹式呼吸减弱　常见于大量腹水、腹膜炎、急腹症、妊娠或腹腔巨大肿物。

2. 腹式呼吸消失 常见于胃肠穿孔导致的急性腹膜炎或膈肌麻痹。

3. 腹式呼吸增强 不多见,可出现在癔症性呼吸或胸腔疾病等。

(四)腹壁静脉

1. 腹壁静脉曲张常见病变及血流方向 门静脉高压时,腹壁静脉曲张以脐为中心向四周伸展,血流方向与正常相同,即脐以下往下流,脐以上往上流;下腔静脉梗阻所致的腹壁静脉曲张,是脐以下也往上流;上腔静脉梗阻时,脐以上亦是自上往下流。

2. 检查血流方向的方法 找一段较直且无分支的腹壁静脉,将右手示指和中指并拢压在该段静脉上,然后将一只手指紧压静脉向外推,推一定距离后放松这一手指,另一指仍紧压静脉,若这一段挤空的静脉很快充盈,血流方向是从放松的手指一端流向紧压的手指一端(图2-7-1)。

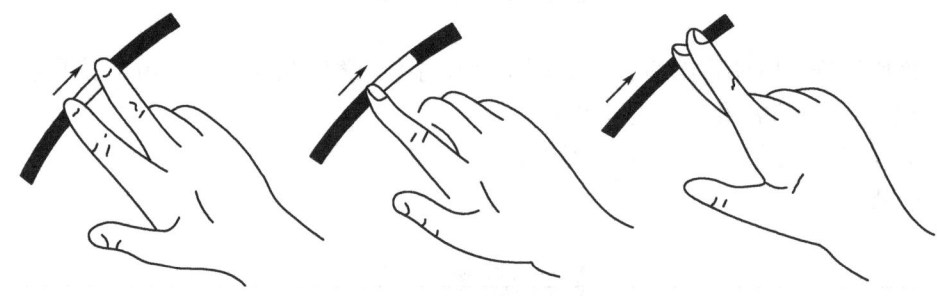

图 2-7-1 血流方向检查手法示意图

(五)胃肠型、蠕动波

在幽门梗阻时,可出现胃蠕动波或胃型。在肠道梗阻时,相应部位可出现肠蠕动波或肠型。

(六)腹壁其他情况

观察有无皮疹、色素、腹纹、瘢痕、疝及上腹部搏动,观察脐部形态和体毛分布有无改变。

二、听 诊

(一)肠鸣音

1. 肠鸣音消失 可见于急性腹膜炎或麻痹性肠梗阻等。

2. 肠鸣音减弱 常见于老年性便秘、电解质紊乱(低血钾)、腹膜炎、胃肠动力低下等。

3. 肠鸣音活跃 常见于急性胃肠炎、服泻药后或胃肠道大出血等。

4. 肠鸣音亢进 多见于机械性肠梗阻。

(二)血管杂音

1. 动脉性杂音 中腹部(剑突与脐中点)的收缩期血管杂音(常为喷射性杂音)提示腹主动脉瘤或腹主动脉狭窄。左右上腹收缩期血管杂音常则提示肾动脉狭窄。下腹两侧(髂窝区)杂音须注意髂动脉狭窄。

2. 静脉性杂音 静脉性杂音为连续的嗡鸣声,常出现于上腹部或脐周,为门静脉高压引起的侧支循环形成。

三、触　诊

(一) 腹壁紧张度

1. 腹壁紧张度增加

(1) 全腹性:常见于腹腔内压增大(如气腹、腹水)和腹膜炎症,急性弥漫性腹膜炎时腹壁紧张硬如木板呈板状腹;结核性腹膜炎或癌症腹膜转移,腹壁柔韧而具抵抗感,不易压陷,为揉面感。

(2) 局部性:局部腹壁紧张度增加常见于脏器炎症累及腹膜引起,如右下腹肌紧张常见于急性阑尾炎。

2. 腹壁紧张度减低

(1) 全腹性:常见于慢性消耗性疾病或大量放腹水后,经产妇或老年体弱、脱水者。脊髓损伤所致腹肌瘫痪和重症肌无力可使腹壁紧张度消失。

(2) 局部性:常见于局部的腹肌瘫痪或缺陷(腹壁疝等)。

(二) 腹部包块

腹部包块多由肿大的或异位的脏器、肿瘤、囊肿、炎性组织或肿大的淋巴结等所形成。腹部触及异常包块时应注意检查包块的部位、大小、形态、质地、压痛、搏动、移动度、与腹壁及皮肤的关系等。

(三) 压痛、反跳痛 (图 2-7-2)

上腹压痛——十二指肠、胃、胰、横结肠病变等。
右上腹压痛——肝、胆病变等。
脐周压痛——小肠、肠系膜病变等。
阑尾炎——在右髂前上棘至脐连线的中、外 1/3 交点处有压痛或反跳痛;
急性腹膜炎——全腹压痛、反跳痛。

(四) 肝触诊

1. 大小 肝肿大时,记录肝脏在右锁骨中线肋弓下(简称肋下,通常在平静吸气状态测量)及剑突根部下的大小,以厘米表示。肝脏肿大可见于各种肝病如肝炎、肝癌、肝脓肿及白血病等。

2. 质地 质软如口唇多为正常肝脏;质韧如鼻尖多为肝脏炎症;质硬如前额为肝硬化或肝癌。

3. 表面状态 光滑、结节感及结节大小,表面不光滑,呈不均匀的结节状,边缘厚薄也不一致者见于肝癌、多囊肝、肝包虫病;表面呈大块状隆起者,见于巨块型肝癌、肝脓肿。

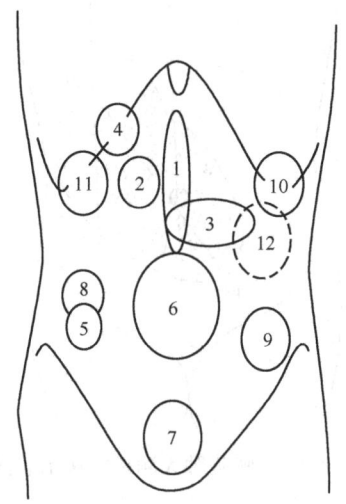

图 2-7-2 腹部常见疾病压痛点
①胃炎或溃疡;②十二指肠溃疡;③胰腺炎或肿瘤;④胆囊;⑤阑尾炎;⑥小肠疾病;⑦膀胱或子宫病变;⑧回盲部炎症、结核;⑨乙状结肠炎症或肿瘤;⑩脾或结肠脾曲病变;⑪肝或结肠肝曲病变;⑫胰腺炎的腰部压痛点

4. 边缘状态 规则或不规则、锐利、圆钝、清楚或不清楚等,边缘钝圆常见于脂肪肝或肝淤血。

5. 压痛 轻度弥漫性压痛见于肝炎、肝淤血等,局限性剧烈压痛见于较表浅的肝脓肿(常在右侧肋间隙处)。

6. 搏动 三尖瓣关闭不全可触及肝脏扩张性搏动,此时检查者左手放于受检者的右肝,右手放于左肝,受检者暂停呼吸,可见左手被推向右侧,右手被推向左侧;单向性搏动指腹主动脉的传导性搏动,呈上下垂直搏动。

7. 肝-颈静脉回流征 当肝肿大时,用手压迫肝30~60s可使颈静脉怒张更明显,称肝-颈静脉回流征阳性,见于右心衰竭。

8. 肝震颤 检查时用浮沉触诊法,当手指压下时,感到一种微细的震动感,可见于肝包虫病,有特殊意义。

(五)胆囊触诊

正常情况下,胆囊位于肝脏下面的胆囊窝内,不能被触及。

1. 胆囊肿大 肿大的胆囊一般呈梨形或卵圆形,张力较高,随呼吸上下移动。急性胆囊炎——囊性并有明显压痛;壶腹周围癌——囊性感无压痛;胆囊结石或胆囊癌——实性感伴轻度压痛。

2. Murphy 征阳性 检查方法:护士将左手掌平放在病人的右肋缘部位,拇指指腹以中等度压力钩压于右肋缘与腹直肌外缘交界处(胆囊点),然后嘱病人缓慢深吸气。在吸气过程中,有炎症的胆囊下移时碰到用力按压的拇指,即可引起疼痛或因剧烈疼痛而中止吸气,称 Murphy 征阳性。

(六)脾脏触诊

1. 脾肿大测量(图 2-7-3)

(1)第Ⅰ测量(又称甲乙线):指左锁骨中线与左肋缘交点至脾下缘的距离,以厘米表示(下同)。脾轻度肿大时只作第Ⅰ测量。

(2)第Ⅱ测量和第Ⅲ测量:脾明显肿大时,应加测第Ⅱ线(甲丙线)和第Ⅲ线(丁戊线),前者系指左锁骨中线与左肋缘交点至脾最远点的距离(应大于第Ⅰ测量),后者指脾右缘与前正中线的距离。如脾高度增大向右越过正中线,则测量脾右缘至前正中线的最大距离,以"+"表示;未超过前正中线则测量脾右缘与前正中线的最短距离,以"-"表示。

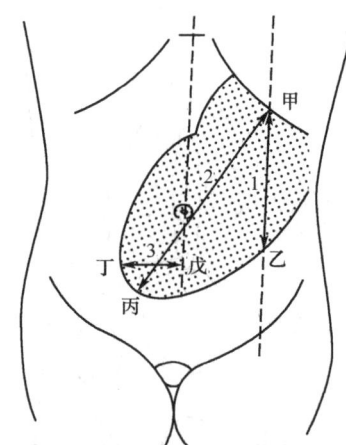

图 2-7-3 脾脏肿大测量方法示意图

2. 脾肿大临床分度 分为轻、中、高三度。脾缘不超过肋下 2cm,为轻度肿大;超过 2cm 至脐水平线以上,为中度肿大;超过脐水平线或前正中线则为高度肿大(巨脾)。

3. 脾肿大的临床意义

(1)轻度肿大:见于急慢性肝炎、粟粒结核、伤寒、急性疟疾及败血症等,一般质地柔软。

(2)中度肿大:常见于肝硬化、慢性淋巴细胞白血病、淋巴瘤、系统性红斑狼疮等,质地一般较硬。

(3) 高度肿大：见于慢性粒细胞白血病、慢性疟疾和骨髓纤维化症、恶性组织细胞病和淋巴瘤等。

(4) 脾表面有囊性感者见于脾囊肿。

(5) 脾压痛见于脾脓肿、脾梗死等。

(七) 肾脏触诊

(1) 触诊肾脏时要注意其大小、形状、硬度、表面状态、移动度、敏感性等。肾脏肿大见于肾肿瘤、多囊肾、肾盂积水或积脓等。

(2) 当肾和尿路有炎症或结石、结核时，以下部位可出现压痛点：

1) 季肋点（前肾点）：第 10 肋前端，右侧位置稍低。

2) 上输尿管点：在脐水平线与腹直肌外缘交点。

3) 中输尿管点：在髂前上棘水平线与腹直肌外缘交点，相当于输尿管第二狭窄处。

4) 肋脊点：背部第 12 肋与脊柱的夹角（肋脊角）的顶点。

5) 肋腰点：第 12 肋与腰肌外缘的夹角（肋腰角）顶点。

(八) 液波震颤（波动感）

当肝硬化、肾病综合征等疾病出现大量腹水时（3000～4000ml 以上），患者可出现液波震颤。

(九) 振水音

消化性溃疡、手术后瘢痕等原因引起幽门梗阻、胃扩张时，可出现振水音。

四、叩　　诊

(一) 肝、胆叩诊

1. 肝脏

(1) 肝浊音界扩大：见于肝癌、肝脓肿、肝炎、肝淤血和多囊肝等。

(2) 肝浊音界缩小：见于暴发性肝炎、急性肝坏死、肝硬化和胃肠胀气等。

(3) 肝浊音界消失代之以鼓音者，是急性胃肠穿孔的一个特征性体征。

(4) 肝浊音界向上移位见于右肺纤维化、右下肺不张及气腹鼓肠等。

(5) 肝炎、肝脓肿可有肝区叩击痛。

2. 胆囊　胆囊区叩击痛主要提示胆囊炎。

(二) 脾叩诊

1. 脾浊音区增大　常见于肝硬化、肝癌等所致的脾肿大。

2. 脾浊音区缩小　常见于左气胸、胃扩张、肠胀气等。

(三) 移动性浊音

(1) 当腹腔内游离积液超过 1000ml 时，可出现移动性浊音阳性。

(2) 下列情况易误诊为腹水：

1）肠管内有大量液体潴留，常有肠梗阻的体征。

2）巨大卵巢囊肿：仰卧时浊音在腹中部，鼓音区在腹两侧，浊音不呈移动性，尺压试验可鉴别。

（四）肾区叩痛

当出现肾炎、肾盂肾炎、肾结石、肾结核及肾周围炎时，后背部肋脊角有不同程度的叩击痛。

（五）胃泡鼓音区

1. 扩大 常见于急性胃扩张、幽门梗阻等。

2. 缩小 常见于脾肿大、心包积液、左侧胸腔积液、肝肿大等。

【思考题】

（1）试述腹部膨隆常见的原因及其鉴别。

（2）试述门脉高压与下腔静脉梗阻腹壁曲张静脉的血流方向。

（3）触及肿大的肝脏，要描述哪些内容？

（4）试述肝浊音变化（增大、上移、下移、缩小、消失）的临床意义。

（5）试述肠鸣音增强、减弱和消失的临床意义。

（6）试述胃肠形及腹部蠕动波的临床意义。

（7）试述失代偿期肝硬化体检发现。

（8）试述肝硬化伴门脉高压的主要表现。

（9）急性胃穿孔引起急性腹膜炎，腹部视诊、触诊、叩诊、听诊有哪些体征？

（广东医学院附属医院　许仕超）

第八节　脊柱、四肢检查

【目的要求】

(1) 掌握脊柱、四肢的体查方法。
(2) 了解脊柱、四肢常见体征的临床意义。

【实验方法】

(1) 观看有关脊柱和四肢的教学视频资料。
(2) 教师示教脊柱、四肢的体查方法。
(3) 学生以三人为一组,一人为检查者,一人为被检查者,一人为纠正员,三人交替练习。
(4) 教师巡回指导,实验结束前随机抽一名学生进行视、触、叩、听检查,同学及教师给予纠正和指导。

【实验器材】

叩诊锤、卷尺、量角器。

【实验时间】

3学时。

【实验内容】

一、脊　　柱

(一) 脊柱弯曲度

1. 一般检查　检查者从背面观看被检者躯干是否对称,观察脊柱有无前凸、后凸、侧弯;从侧面观察被检者脊柱有无前凸、后凸。必要时检查者可用右手食指和中指沿脊椎棘突两旁,适当地用力从上往下划,可划出一条红色皮纹,借此观察脊柱有无侧弯。

2. 生理性　正常人脊柱存在四个生理弯曲,呈"S"型,即颈椎稍前凸、胸椎稍后凸、腰椎稍前凸、骶椎稍后凸。

3. 病理性
(1) 脊柱后凸:见于维生素D缺乏、胸椎椎体结核、类风湿性脊椎炎、骨质疏松等。
(2) 脊柱前凸:见于妊娠、大量腹腔积液、腹腔巨大肿瘤、髋关节结核及先天性髋关节后脱位等。

（3）脊柱侧凸：姿势性侧凸常见于儿童发育期坐位姿势不良；器质性侧凸常见于先天性脊柱发育不良、肌肉麻痹、营养不良、慢性胸膜增厚及肩部畸形等。

（二）脊柱活动度

正常脊柱有一定的活动范围，颈椎和腰椎段活动范围最大；胸椎活动范围最小；骶椎和尾椎几乎不活动（表 2-8-1）。

表 2-8-1　颈、胸、腰椎及全脊椎活动范围

	前屈	后伸	左右侧弯	旋转度（单侧）
全脊柱	128°	125°	73.5°	115°
颈椎	35°～45°	35°～45°	45°	60°～80°
胸椎	30°	20°	20°	35°
腰椎	75°	30°	35°	8°

检查脊柱活动度时，应嘱患者作前屈、后伸、侧弯、旋转等动作，以观察脊柱的活动情况及有无变形。

临床意义：脊柱颈椎、腰椎段活动受限可见于软组织损伤，如颈、腰肌肌纤维炎及韧带劳损，颈椎、腰椎的增生性关节炎，脊椎结核或肿瘤，脊椎骨折或脱位及椎间盘突出。

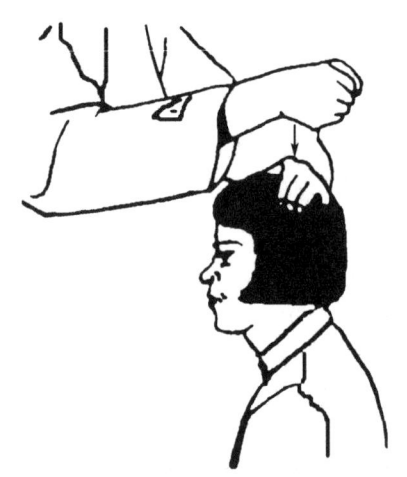

图 2-8-1　脊柱叩击痛间接叩击法示意图

（三）脊柱压痛与叩击痛

1. 压痛　检查者沿被检者脊椎棘突及椎旁肌肉用右手拇指自上而下逐个按压，观察有无压痛，如有压痛提示病变存在。

2. 叩击痛

（1）直接叩诊法：用叩诊锤或右手中指自上而下逐个直接叩击脊椎棘突。

（2）间接叩击法：受检者取端坐位（腰挺直，眼睛平视），检查者用左手掌面放在其头顶，右手握拳叩击左手背，检查有无叩击痛。出现压痛或叩击痛见于脊椎结核、脊椎骨折、椎间盘突出等（图 2-8-1）。

二、四肢及关节

正常人四肢与关节左右对称，形态正常，无肿胀及压痛，活动不受限。

（一）四肢

1. 形态异常　如杵状指（趾），匙状甲，膝内、外翻，足内、外翻，骨折与关节脱位，肌肉萎缩，下肢静脉曲张和水肿等（图 2-8-2～图 2-8-6）。

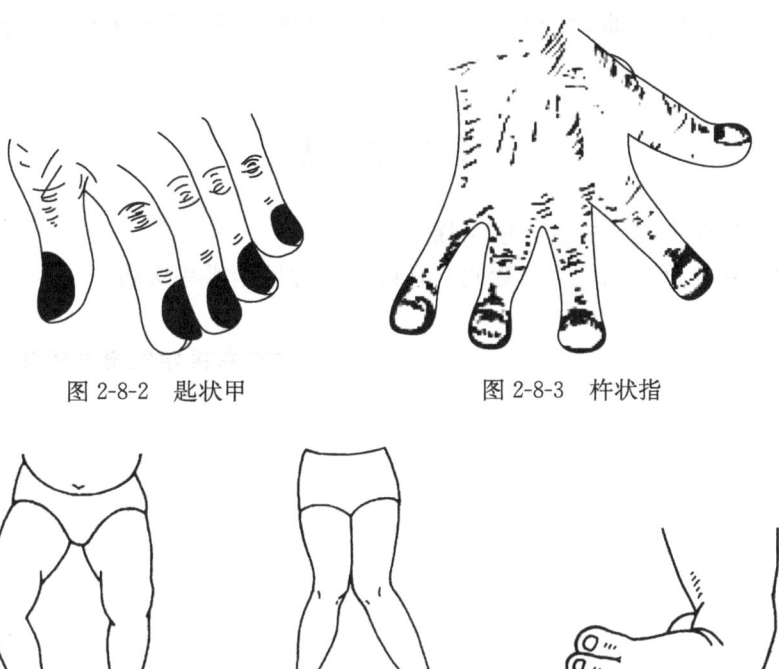

图 2-8-2　匙状甲　　　　图 2-8-3　杵状指

图 2-8-4　膝内翻　　　图 2-8-5　膝外翻　　　图 2-8-6　足内翻

2. 运动功能障碍与异常

(二) 关节

1. 形态异常

(1) 腕关节：常见导致形态异常疾病有腱鞘滑膜炎、软组织炎症、腱鞘囊肿、腱鞘脂肪纤维瘤、外伤与骨折等。

(2) 指关节：常见导致形态异常疾病有老年性骨关节炎、爪形手、梭形关节等。

(3) 膝关节：常见导致形态异常疾病有风湿性关节炎、关节腔出血和积液。

(4) 浮髌试验：若膝关节肿胀时应做此试验，以确定有无关节腔积液。嘱受检者取仰卧位，下肢伸直。左手虎口卡于患膝髌骨上方，并加压压迫髌上囊，右手拇指与中环小指一起按压髌骨下方使关节液集中于髌骨低面，右手示指垂直按压髌骨并迅速抬起，压下时有髌骨与关节面的碰触感，松开时有髌骨浮起感，即为浮髌试验阳性，提示关节腔内有积液（图 2-8-7）。

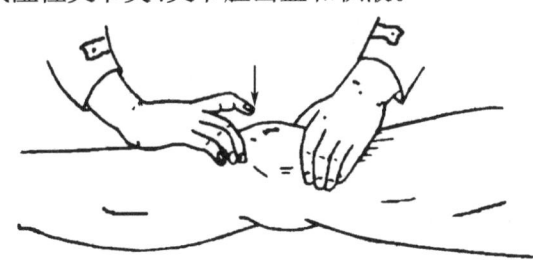

图 2-8-7　浮髌试验检查示意图

2. 关节活动和关节活动范围

Lasègue 征：被检者仰卧，两下肢伸直，检查者以一手扶持一侧膝关节上方，使下肢保持伸直状态，用另一手托住足跟，将下肢抬起。正常人可被抬到 70°以上，如抬不到 30°，出现由上而下的放射性疼痛,即为阳性反应,见于坐骨神经痛,腰椎间盘突出或腰骶神经根炎等。

【思考题】

(1) 试述脊柱叩击痛的检查方法及临床意义。

(2) 正常人脊柱存在几个生理弯曲?脊柱前凸常见于哪些疾病?

(广东医学院附属医院　许仕超)

第九节 神经反射检查

【目的要求】

(1) 熟悉神经反射的检查方法。
(2) 掌握病理反射、脑膜刺激征的检查方法及其临床意义。

【实验方法】

(1) 观看视频资料。
(2) 教师全面示教神经反射的检查方法。
(3) 学生以三人为一组,一人为检查者,一人为被检查者,一人为纠正员,三人交替练习。
(4) 教师巡回指导,实验结束前随机抽一名学生进行视、触、叩、听检查,同学及教师给予纠正和指导。

【实验器材】

视频资料、叩诊锤、棉签、音叉、装有冷水和温水的试管、手电筒、大头针。

【实验时间】

3学时。

【实验内容】

一、浅层反射

(一) 角膜反射

嘱被检者眼球向内上方注视,检查者用细棉丝从眼球外侧迅速触及角膜边缘,避免触及睫毛,正常反应为被触眼睑立即闭合,称为直接角膜反射。如刺激一侧角膜,对侧也出现眼睑闭合反应,称为间接角膜反射。直接与间接角膜反射皆消失见于三叉神经病变(传入障碍)。直接反射消失,间接反射存在,见于患侧面神经瘫痪(传出障碍)。角膜反射完全消失见于深昏迷患者。

(二) 腹壁反射

用钝棉签在被检者腹部两侧肋缘下、脐水平、腹股沟上自外向内划,正常可看到被划处的腹

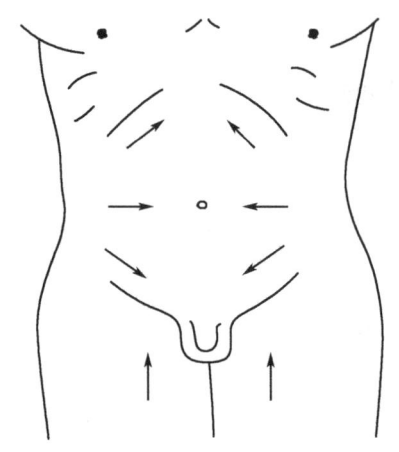

图 2-9-1 腹壁反射、提睾反射检查示意图

肌向内快速收缩,即腹壁反射。生理减弱见于肥胖者、老年人或经产妇,主要因为腹壁过于松弛;病理减弱,如昏迷或急腹症患者可出现双侧上、中、下三部反射均消失,同侧锥体束病变时出现一侧上、中、下三部反射消失(图 2-9-1)。

(三)提睾反射

用竹签轻划男性大腿内侧上部,同侧的提睾肌收缩使睾丸上提,为提睾反射。正常人多能引出。提睾反射减弱或消失见于锥体束损害、睾丸炎、附睾炎等(图 2-9-1)。

(四)跖反射

被检者取仰卧位,髋、膝关节伸直,检查者用左手握住被检者踝部,右手用钝竹签沿足跟由下往上划至小趾跖关节处再转向拇趾侧,正常反应为足跖屈曲(Babinski 征阴性)。跖反射消失提示病变位置在骶髓 1~2 节。

(五)肛门反射

用棉签轻轻划过被检者肛门周围皮肤,引起肛门外括约肌收缩。肛门反射消失提示病变位置在骶髓 4~5 节。

二、深层反射

(一)肱二头肌反射

被检者前臂屈曲,检查者以左手拇指置于受检者的肱二头肌腱上,右手持叩诊锤叩击检查者左拇指,可使肱二头肌收缩,前臂可出现快速屈曲运动。肱二头肌反射消失提示病变位置在颈髓 5~6 节(图 2-9-2)。

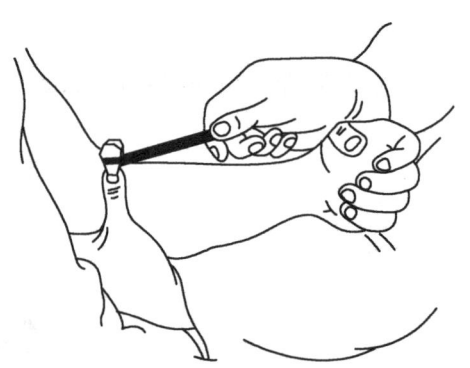

图 2-9-2 肱二头肌反射检查示意图

(二)肱三头肌反射

被检者外展上臂,半屈肘关节,检查者用左手托住其上臂,右手用叩诊锤直接叩击鹰嘴上方的肱三头肌腱,可使肱三头肌收缩,引起前臂呈伸展运动。肱三头肌反射消失提示病变位置在颈髓 6~7 节。

(三)桡骨骨膜反射

检查者以左手托住被检者腕部,并使腕关节自然下垂,随即以叩诊锤叩击桡骨茎突,可引起肱桡肌收缩,发生屈肘和前臂旋前动作。桡骨骨膜反射消失提示病变位置在颈髓 5~6 节。

(四)膝反射

可采取坐位或卧位。坐位检查时,小腿完全松弛下垂或与大腿呈直角;卧位检查时,检查者用左手托起受检者的膝关节约120°，用右手持叩诊锤叩击膝盖髌骨下方股四头肌腱，可引起小腿伸展动作。膝反射消失提示病变位置在腰髓2～4节(图2-9-3)。

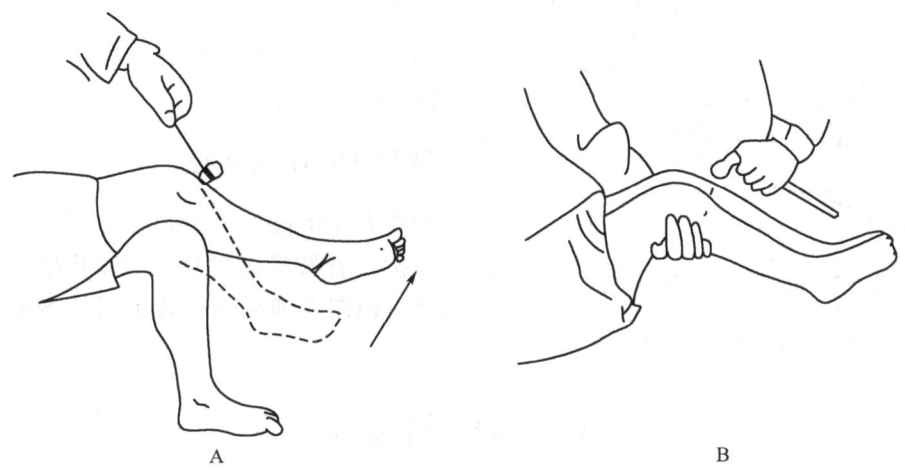

图 2-9-3　膝反射检查示意图

(五) 跟腱反射(踝反射)

被检者取仰卧位，下肢外旋、外展位，检查者用左手将受检者足部背曲成直角，以叩诊锤叩击跟腱，反应为腓肠肌收缩，足向跖面屈曲。跟腱反射消失提示病变位置在骶髓1～2节。

(六) 阵挛

阵挛是腱反射亢进的表现。

1. 踝阵挛　检查者一手托住小腿，另一手握住足掌前端，突然用力使踝关节背屈并维持之。阳性表现为腓肠肌与比目鱼肌发生连续性节律性收缩而致足部呈现交替性伸屈动作。

2. 髌阵挛　被检查者以示指及拇指控住其髌骨上缘，突然用力向远端方向快速推动数次，然后保持适度的推力，阳性表现为股四头肌发生节律性收缩使髌骨上下移动。

三、病理反射

病理反射一般为锥体束损害的体征(图2-9-4)。

(一) Babinski 征

检查方法同跖反射。阳性表现为拇趾向背屈，其余四趾呈扇形展开。一岁半以内的小儿可对称阳性，为生理性。

(二) Oppenheim 征

检查者用拇指及示指沿被检者胫骨前

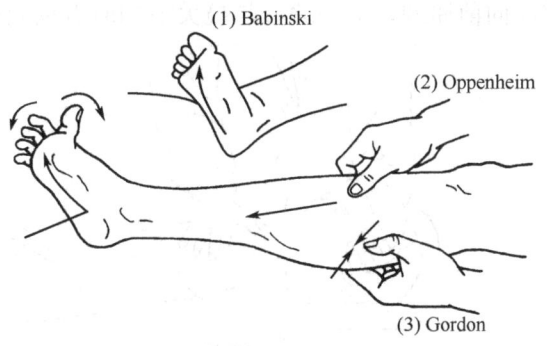

图 2-9-4　Babinski 征、Oppenheim 征、Gordon 征检查示意图

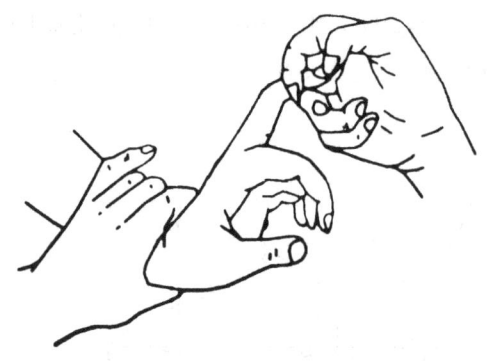

图 2-9-5 Hoffmann 征检查法

缘两侧用力由自上往下滑,阳性表现同 Babinski 征。

(三) Gordon 征

检查者用手以适当的力量捏压腓肠肌,阳性表现同 Babinski 征。

(四) Hoffmann 征

检查者左手握着受检者腕关节上方,右手中指及示指夹着被检者的中指,向手背方向提拉,用拇指迅速向下弹刮受检者中指的指甲,引起其余四指轻度掌屈反应,即为阳性(图 2-9-5)。

四、脑膜刺激征

(一) 颈强直

被检者去枕仰卧,检查者用手托住受检者的枕部,并将其颈部向胸前抬起作屈颈动作。如感觉到抵抗力增强,即为颈部阻力增高或颈强直。

(二) Kernig 征

被检者取仰卧位,检查者托起一侧大腿,使髋、膝关节均成直角,再用力抬高小腿。正常人可将膝关节伸达 135°以上,如达不到 135°时,出现抵抗且引起疼痛或屈肌痉挛,即为阳性。坐骨神经痛亦可出现阳性表现(图 2-9-6)。

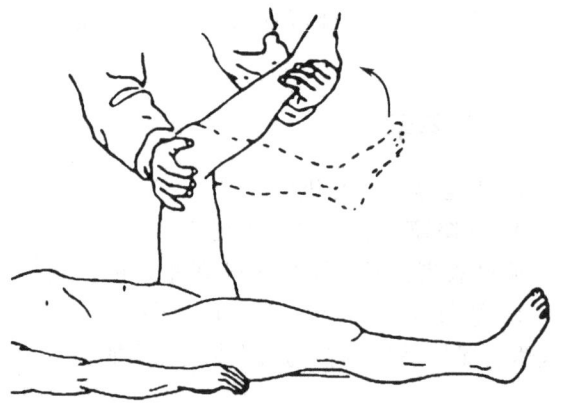

图 2-9-6 Kernig 征检查示意图

(三) Brudzinski 征

被检者去枕仰卧,下肢伸直,检查者左手托扶受检者的枕部,右手置于胸前,然后被动向前屈颈。双膝关节与髋关节同时有反射性屈曲动作,即为阳性(图 2-9-7)。

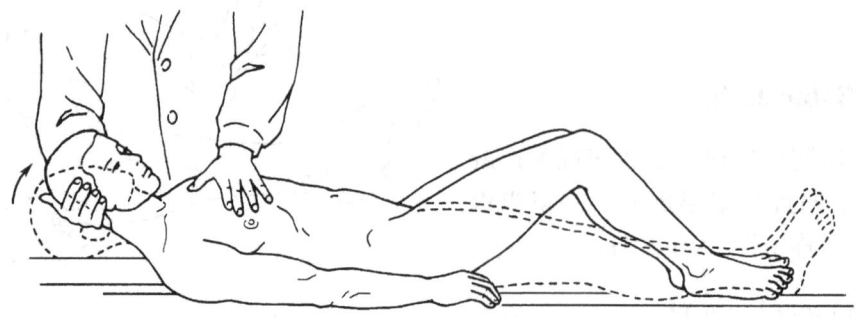

图 2-9-7 Brudzinski 征检查法示意图

【思考题】

（1）深反射有哪些？阳性时提示的病变部位在哪里？
（2）试述脑膜刺激征的检查方法及临床意义。
（3）试述病理反射及其临床意义。

附 表 五

脊柱、四肢和神经反射检查实验报告

脊柱：畸形_____ 压痛_____
四肢：畸形_____ 强直或瘫痪_____
肌肉萎缩_____ 骨折_____ 杵状指_____ 静脉曲张_____ 关节_____
神经检查：
浅反射：　　　　　　　　　　　　　　　深反射：

反射	角膜反射	腹壁反射	提睾反射	跖反射	肛门反射
左					
右					

反射	肱二头肌	肱三头肌	桡骨骨膜反射	膝反射	跟腱反射
左					
右					

病理反射：
巴宾斯基征（Babinski 征）：_____
奥本汉姆征（Oppenheim 征）：_____
戈登征（Gordon 征）：_____
霍夫曼征（Hoffmann 征）：_____
脑膜刺激征：
颈强直：_____
凯尔尼格征（Kernig 征）：_____
布鲁津斯基征（Brudzinski 征）：_____
其他_____

签名：_____

（广东医学院附属医院　许仕超）

第十节　临床全身体格检查提纲及检查要点

【目的要求】

(1) 了解全身体格检查的基本顺序。
(2) 熟悉全身各部位体查的基本方法。

【实验方法】

(1) 观看全身体格检查视频资料。
(2) 教师指出体查要点。
(3) 学生以三人为一组，一人为检查者，一人为被检查者，一人为纠正员，三人交替练习。
(4) 教师巡回指导，实验结束前随机抽一名学生进行视、触、叩、听检查，同学及教师给予纠正和指导。

【实验器材】

温度计、秒表、血压计、视力表、手电筒、棉支、压舌板、听诊器、叩诊锤。

【实验时间】

3学时。

【实验内容】

一、基本要求

(1) 全身体格检查的内容要全面，不要遗漏。
(2) 体格检查应注意灵活性，面对特殊病例时应特殊对待。
(3) 一般检查顺序　全身体格检查的顺序为：一般情况和生命体征→头颈部→前、侧胸部(心肺)→患者取坐位→后背部(包括肺、脊柱、肾区、骶部)→患者取卧位→腹部→四肢→肛门、直肠→外生殖器→神经系统(最后站位)。按此顺序，卧位患者只须坐起1次。
(4) 掌握检查的进度和时间，一般应在40～50分钟内完成。

二、基本检查项目

1. 一般检查和生命征
(1) 准备和清点器械。

(2) 自我介绍(说明职务、姓名、检查目的等)。
(3) 观察发育、营养、面容和意识等一般状态。
(4) 洗手。
(5) 测量体温(腋温 10 分钟)。
(6) 触诊桡动脉至少 1 分钟。
(7) 用双手同时触诊双侧桡动脉,检查其对称性。
(8) 计数呼吸频率至少 1 分钟。
(9) 测右上肢血压。

2. 头颈部

(10) 观察头部外形、毛发分布、有无异常运动等。
(11) 触诊头颅。
(12) 检查双眼和眉毛。
(13) 分别检查左右眼的近视力(用近视力表)。
(14) 检查下睑结膜、球结膜和巩膜。
(15) 翻转上眼睑,检查上眼睑、球结膜和巩膜。
(16) 检查眼球运动(检查 6 个方位)。
(17) 检查瞳孔直接对光反射。
(18) 检查瞳孔间接对光反射。
(19) 检查集合反射。
(20) 观察、触诊双侧外耳及耳后区。
(21) 检查双耳听力(摩擦手指或用手表)。
(22) 观察外鼻。
(23) 触诊外鼻。
(24) 观察鼻前庭、鼻中隔。
(25) 分别检查左右鼻通气状态。
(26) 检查上颌窦,注意有无肿胀、压痛、叩痛等。
(27) 检查额窦,注意有无肿胀、压痛、叩痛等。
(28) 检查筛窦,注意压痛。
(29) 观察口唇、牙齿、上腭、舌质和舌苔。
(30) 借助压舌板检查颊黏膜、牙齿、牙龈等。
(31) 借助压舌板检查口咽及扁桃体。
(32) 检查颈部外形和皮肤、颈静脉充盈和颈动脉搏动情况。
(33) 检查颈椎屈曲及左右活动情况。
(34) 触诊耳前淋巴结。
(35) 触诊耳后淋巴结。
(36) 触诊枕后淋巴结。
(37) 触诊颌下淋巴结。
(38) 触诊颏下淋巴结。
(39) 触诊颈前淋巴结浅组。
(40) 触诊颈后淋巴结。

(41) 触诊锁骨上淋巴结。
(42) 触诊甲状腺峡部(配合吞咽)。
(43) 触诊甲状腺侧叶(配合吞咽)。
(44) 分别触诊左右颈动脉。
(45) 触诊气管位置。
(46) 听诊颈部(甲状腺、血管)杂音。

3. 前、侧胸部

(47) 暴露胸部,观察胸部外形、对称性、皮肤和呼吸运动等。
(48) 触诊左、右侧乳房(4个象限及乳头)。
(49) 用右手触诊左侧腋窝淋巴结,用左手触诊右侧腋窝淋巴结。
(50) 触诊胸壁弹性、有无压痛。
(51) 胸廓扩张度
(52) 检查双侧语音震颤(上、中、下、双侧对比)。
(53) 检查有无胸膜摩擦感。
(54) 叩诊双侧前胸和侧胸(自上而下,由外向内,双侧对比)。
(55) 听诊双侧前胸和侧胸(自上而下,由外向内,双侧对比)。
(56) 检查双侧语音共振(上、中、下,双侧对比)。
(57) 观察心尖、心前区搏动。
(58) 触诊心尖搏动。
(59) 触诊心前区。
(60) 叩诊心脏相对浊音界。
(61) 听诊二尖瓣区(频率、节律、心音、杂音等)。
(62) 听诊肺动脉瓣区(心音、杂音等)。
(63) 听诊主动脉瓣区(心音、杂音等)。
(64) 听诊主动脉瓣第二听诊区(心音、杂音等)。
(65) 听诊三尖瓣区(心音、杂音等)。

4. 背部

(66) 观察脊柱、胸廓外形。
(67) 检查胸廓扩张度。
(68) 检查双侧语音震颤。
(69) 检查有无胸膜摩擦感。
(70) 叩诊双侧后胸部。
(71) 叩诊双侧肺下界。
(72) 叩诊双侧肺下界移动范围(肩胛线上)。
(73) 听诊双侧后胸部。
(74) 听诊有无胸膜摩擦音。
(75) 检查双侧语音共振。
(76) 触诊脊柱有无畸形、压痛。
(77) 直接叩诊法检查脊椎有无叩击痛。
(78) 检查双侧肋脊点和肋腰点有无压痛。

(79) 检查双侧肋脊角有无叩击痛。

5. 腹部

(80) 观察腹部的外形、对称性、皮肤、脐及腹式呼吸等。

(81) 听诊肠鸣音。

(82) 听诊腹部有无血管杂音。

(83) 叩诊肝上界。

(84) 叩诊肝下界。

(85) 检查肝脏有无叩击痛。

(86) 检查移动性浊音。

(87) 在右锁骨中线上触诊肝脏。

(88) 在前正中线上触诊肝脏。

(89) 检查肝-颈静脉回流征。

(90) 检查胆囊点有无触痛(Murphy 征)。

(91) 触诊脾脏。

(92) 如未能触及脾脏,嘱受检者右侧卧位,再触诊脾脏。

(93) 双手法触诊双侧肾脏。

(94) 检查腹壁反射。

6. 上肢(双侧)

(95) 检查指关节运动。

(96) 检查上肢肌力。

(97) 检查腕关节运动。

(98) 触诊滑车上淋巴结。

(99) 检查肱二头肌反射。

(100) 检查肱三头肌反射。

(101) 检查桡骨骨膜反射。

(102) 检查 Hoffmann 征。

7. 下肢(双侧)

(103) 触诊腹股沟淋巴结横组。

(104) 触诊腹股沟淋巴结纵组。

(105) 触诊股动脉搏动。

(106) 检查双下肢肌力。

(107) 触诊膝关节和浮髌试验。

(108) 检查髌阵挛。

(109) 检查有无凹陷性水肿。

(110) 检查膝反射。

(111) 检查跟腱反射。

(112) 检查 Babinski 征。

(113) 检查 Oppenheim 征。

(114) 检查 Gordon 征。

(115) 检查 Kernig 征。

(116) 检查 Brudzinski 征。
(117) 检查 Lasègue 征。
(118) 检查踝阵挛。

8. 肛门直肠（仅必要时检查）
(119) 嘱受检者左侧卧位,右腿屈曲。
(120) 观察肛门、肛周、会阴区。
(121) 戴上手套,食指涂以润滑剂行直肠指检。
(122) 观察指套有无分泌物。

9. 外生殖器（仅必要时检查）
(123) 解释检查的必要性,消除顾虑,保护隐私。
(124) 确认膀胱已排空,受检者取仰卧位。
男性
(125) 视诊阴毛、阴茎、冠状沟、龟头、包皮。
(126) 视诊尿道外口。
(127) 视诊阴囊,必要时作提睾反射。
(128) 触诊双侧睾丸、附睾、精索。
女性
(129) 视诊阴毛、阴阜、大小阴唇、阴蒂。
(130) 视诊尿道口及阴道口。
(131) 触诊阴阜、大小阴唇。
(132) 触诊尿道旁腺、巴氏腺。

（广东医学院附属医院　张文广）

附 表 六

体格检查考核评分表

学生姓名　　　　　　学号　　　　　　专业　　　　　　班级

一般检查/生命体征

项目		扣分	原因
1. 准备和清点器械	(1分)		
2. 自我介绍(说明职务、姓名,并进行简短交谈以融洽医患关系)	(1分)		
3. 观察发育、营养、面容、表情和意识等一般状态	(2分)		
4. 洗手	(0.5分)		
5. 测量体温(腋温10分钟)	(1分)		
6. 触诊桡动脉至少1分钟	(0.5分)		
7. 用双手同时触诊双侧桡动脉,检查其对称性	(0.5分)		
8. 计数呼吸频率至少1分钟	(0.5分)		
9. 测右上肢血压	(1分)		
主考教师:	得分:	日期: 　年　月　日	

头颈部检查(每项0.5分)

项目	扣分	原因
1. 观察头部外形、毛发分布、异常运动等		
2. 分别检查左右眼的近视力(用近视力表)		
3. 翻转上眼睑,检查上下眼睑、球结膜和巩膜		
4. 检查眼球运动(检查6个方位)		
5. 检查瞳孔直接对光反射、间接对光反射		
6. 检查集合反射		
7. 视、触诊双侧外耳及耳后区		
8. 检查双耳听力(摩擦手指或用手表)		
9. 观察外鼻、鼻前庭、鼻中隔,触诊外鼻		
10. 分别检查左右鼻道通气状态		
11. 检查额窦、筛窦、上颌窦		
12. 观察口唇、牙齿、上腭、舌质和舌苔,借助压舌板检查颊黏膜、牙齿、牙龈、口底		
13. 借助压舌板检查口咽及扁桃体		
14. 检查颈部外形和皮肤、颈静脉充盈和颈动脉搏动情况		
15. 检查颈椎屈曲及左右活动情况		
16. 触诊耳前、耳后、枕部、颌下、颏下、颈前、颈后、锁骨上淋巴结		
17. 触诊甲状软骨、甲状腺峡部、甲状腺侧叶(配合吞咽)		
18. 分别触诊左右颈动脉		
19. 触诊气管位置		
20. 听诊颈部(甲状腺、血管)杂音		
主考教师: 　　　得分: 　　　日期: 　年　月　日		

胸廓及肺脏检查（每项0.5分）

项目	扣分	原因
1. 暴露胸部		
2. 观察胸部外形、对称性、皮肤和呼吸运动等		
3. 触诊左、右侧乳房(4个象限及乳头)		
4. 触诊左、右侧腋窝淋巴结		
5. 触诊胸壁弹性、有无压痛		
6. 检查双侧呼吸度		
7. 检查双侧触觉语颤		
8. 检查有无胸膜摩擦感		
9. 叩诊双肺肺尖、前胸和侧胸		
10. 听诊双肺肺尖、前胸和侧胸		
11. 检查双侧语音共振		
12. 请受检者坐起，充分暴露背部		
13. 观察脊柱、胸廓外形、呼吸运动		
14. 检查胸廓活动度及其对称性		
15. 检查双侧触觉语颤		
16. 检查有无胸膜摩擦感		
17. 请受检者双上肢叉腰		
18. 叩诊双侧后胸部、肺下界、肺下界移动度		
19. 听诊双侧后胸部、有无胸膜摩擦音		
20. 检查双侧语音共振		

主考教师：　　　　得分：　　　　日期：　年　月　日

心脏检查

项目		扣分	原因
1. 观察心尖、心前区搏动	(1分)		
2. 触诊心尖搏动	(1分)		
3. 触诊心前区	(1分)		
4. 叩诊左侧心脏相对浊音界	(2分)		
5. 叩诊右侧心脏相对浊音界	(2分)		
6. 听诊二尖瓣区(频率、节律、心音、杂音)	(1分)		
7. 听诊肺动脉瓣区(心音、杂音)	(0.5分)		
8. 听诊主动脉瓣区(心音、杂音)	(0.5分)		
9. 听诊主动脉瓣第二听诊区(心音、杂音、摩擦音)	(0.5分)		
10. 听诊三尖瓣区(心音、杂音、摩擦音)	(0.5分)		

主考教师：　　　　得分：　　　　日期：　年　月　日

腹部检查（每项 0.5 分）

项目	扣分	原因
1. 正确暴露腹部		
2. 请受检查屈膝、放松腹肌、双上肢置于躯干两侧		
3. 观察腹部的外形、对称性、皮肤、脐及腹式呼吸等		
4. 听诊肠鸣音至少 1 分钟		
5. 听诊腹部有无血管杂音		
6. 叩诊全腹		
7. 叩诊肝上界		
8. 叩诊肝下界		
9. 检查肝脏有无叩击痛		
10. 检查移动性浊音（经脐平面先左后右）		
11. 浅触诊全腹部（自左下腹开始，逆时针）		
12. 深触诊全腹部（自左下腹开始，逆时针）		
13. 训练患者做加深的腹式呼吸 2~3 次		
14. 在右锁骨中线上单手法、双手法触诊肝脏		
15. 在前正中线上双手法触诊肝脏		
16. 检查肝颈静脉回流征		
17. 检查胆囊点有无压痛		
18. 双手法触诊脾脏		
19. 如未能触及脾脏，嘱受检者右侧卧位，再触诊脾脏		
20. 双手法触诊双侧肾脏		

主考教师：　　　　　得分：　　　　日期：　　年　　月　　日

神经系统检查（每项 0.5 分）

项目	扣分	原因
1. 检查面神经运动功能（皱额、闭目、露齿、鼓腮或吹口哨）		
2. 检查舌下神经（伸舌）		
3. 检查三叉神经运动支（触双侧嚼肌，或以手对抗张口动作）		
4. 检查三叉神经感觉支（上、中、下 3 支）		
5. 检查副神经（耸肩及对抗头部旋转）		
6. 检查腹壁反射		
7. 检查肱二头肌反射		
8. 检查肱三头肌反射		
9. 检查桡骨骨膜反射		
10. 检查 Hoffmann 征		
11. 检查髌阵挛、踝阵挛		

续表

项目	扣分	原因
12. 检查膝反射		
13. 检查跟腱反射		
14. 检查 Babinski 征		
15. 检查 Oppenheim 征		
16. 检查 Kernig 征		
17. 检查 Brudzinski 征		
18. 检查 Lasègue 征		
19. 指鼻试验（睁眼、闭眼）		
20. 检查双手快速轮替运动		
主考教师： 得分： 日期： 年 月 日		

（广东医学院附属医院　张文广）

第三章 心电图检查

第一节 心电图机的操作

【目的要求】

(1) 掌握心电图机的一般操作方法。
(2) 了解心电图机在特殊情况下的操作。
(3) 了解抗肌电干扰和抗交流干扰模式及导线连接方式对心电图图形的影响。

【实验方法】

1. 教师示教心电图机的操作方法

(1) 心电图机的一般操作方法:先不使用抗肌电干扰和抗交流干扰模式进行操作,观察心电图的图形;再使用抗肌电干扰和抗交流干扰模式进行操作,观察心电图的图形,然后对比两者图形的差异。先在标准电压(10mm/1mV)和走纸速度(25mm/s)的条件下记录心电图,再分别改变标准电压(5mm/1mV、20mm/1mV)和走纸速度(50mm/s)后记录心电图,然后观察不同的标准电压和走纸速度对心电图波形的影响。

(2) 特殊情况下心电图机的操作:例如,只用一个胸导联吸头做全部胸导联心电图的方法,如何做 $V_7 \sim V_9$ 导联的心电图以及 $V_1R \sim V_6R$ 导联心电图。

(3) 不同导联连接方式:左右手反接(红线接左手、黄线接右手)、左右脚反接(绿线接右脚、黑线接左脚),左右手反接加上左右脚反接,分别观察各种连接方式的心电图图形并加以比较。只是连接肢体导联、不连接胸导联,观察心电图的图形;不连接肢体导联,只连接胸导联,观察心电图的图形。

2. 学生独立进行心电图机操作

【实验器材】

单导联心电图机、酒精、棉签。

【实验时间】

3学时。

【实验内容】

1. 操作前的准备

(1) 了解被检查者曾经是否作过心电图,如果是首次做心电图,检查者应给予解释,告知被检查者做心电图是无痛苦、无创、无危险的检查,以消除其紧张情绪。

(2) 描记心电图前,让被检查者静卧休息数分钟,使全身肌肉松弛。冬天应在温暖环境下描记,以免因肌肉震颤而引起干扰。

(3) 让被检查者取下金属饰品、电子表,以防电波干扰;平卧于木板床上,裸露安放电极部位,注意遮挡和保暖,避免肌震颤产生干扰。

(4) 擦去放置电极部位皮肤上汗渍和污垢,用酒精或盐水棉球涂擦后将电极固定于皮肤,以保持电极与皮肤的良好接触。

(5) 嘱被检查者在做心电图的过程中身体保持放松、平静呼吸和不要说话。

2. 心电图机操作步骤

(1) 连接好接地线,以防交流电干扰,保障病人安全。

(2) 连接导联线:严格按照国际统一标准,准确安放常规 12 导联心电图电极。红线右手,黄线左手,绿线左脚,黑线右脚;V_1 导联探查电极置于胸骨右缘第 4 肋间,反映右心室外壁的电位改变;V_2 导联探查电极置于胸骨左缘第 4 肋间,反映亦为右心室外壁的电位改变;V_3 导联探查电极置于 V_2 与 V_4 连线的中点,反映左、右心室过渡区的电位改变;V_4 导联探查电极置于左锁骨中线第 5 肋间,反映左心室心尖部的电位改变;V_5 导联探查电极置于左腋前线与 V_4 同一水平的位置,反映左心室前外侧壁的电位改变;V_6 导联探查电极置于左腋中线与 V_5 同一水平的位置,反映左心室左侧壁的电位改变,见图 3-1-1。

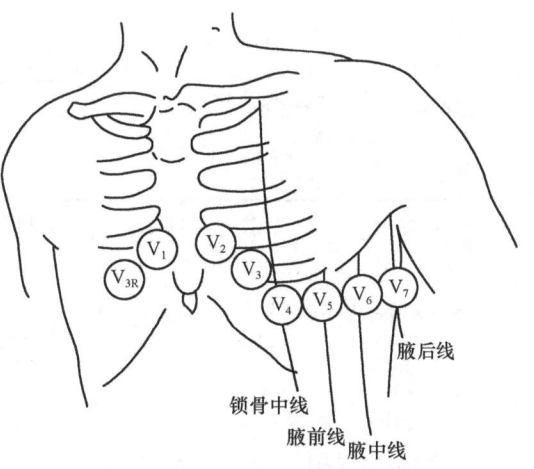

图 3-1-1 胸前导联探查电极的位置

女性乳房下垂者应托起乳房,将 V_3、V_4、V_5 电极安放在乳房下缘胸壁上,而不应该安置在乳房上。

(3) 接通电源,打开电源开关,预热 1~2 分钟,调整描记笔使之位于心电图记录纸的中央。

(4) 定标准电压(10mm/1mV)和走纸速度(25mm/s)。

(5) 按下"开始"按钮,先描记一个定标方波,然后分别按 Ⅰ、Ⅱ、Ⅲ、aVR、aVL、aVF、V_1、V_2、V_3、V_4、V_5、V_6 的顺序描记心电图,出现基线不稳时,应调节描记笔使心电图波形尽量位于记录纸的中间并保持波形的完整。每个导联记录至少要包含 3 个完整的心动周期(即需记录至少 3 个 QRS 综合波)。

(6) 描记完毕后关闭心电图机,取下电极,擦拭干净电极放置的体表,帮助被检查者离床。

（7）在所记录的心电图纸上标注被检查者的姓名、性别、年龄、心电图检查的日期、时间以及相应的导联符号。

示范交流电干扰、基线漂移、肌电干扰的心电图表现，见图 3-1-2。

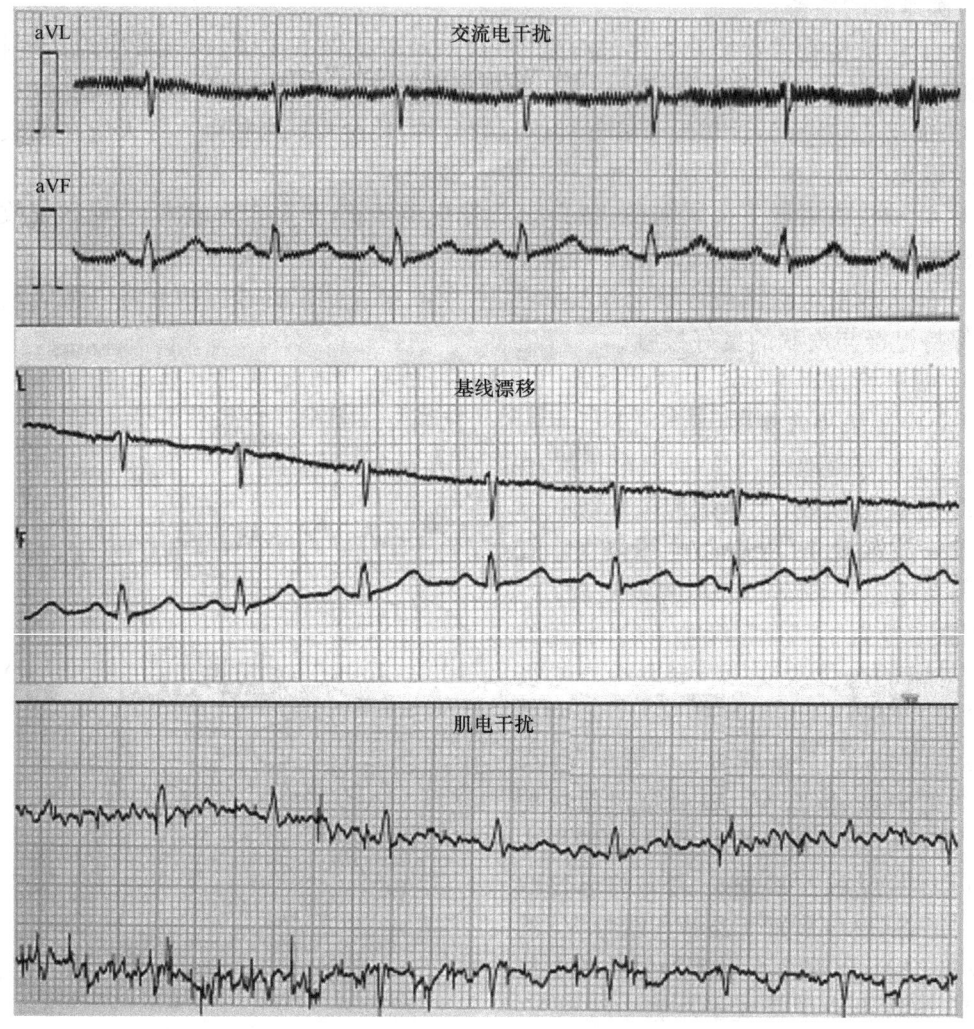

图 3-1-2　交流电干扰、基线漂移、肌电干扰的心电图

（广东医学院护理学院　许振华）

第二节 正常心电图

【目的要求】

(1) 掌握不同的标准电压和走纸速度对心电图波形的影响。
(2) 掌握心电图 P 波、QRS 波群、T 波、P-R 间期、Q-T 间期以及 ST 段移位的测量方法、正常形态和正常参考范围。
(3) 掌握 P-P 间期、R-R 间期的测量并计算心率,以及掌握估算心率的方法。
(4) 掌握估算心电轴的方法,掌握顺钟向转位和逆钟向转位的心电图表现。
(5) 写出心电图正式报告。

【实验器材】

(1) 正常心电图(10mm/1mV、25mm/s)、正常心电图(5mm/1mV、25mm/s)、正常心电图(20mm/1mV、25mm/s)、正常心电图(10mm/1mV、50mm/s)各一份。
(2) 心电轴左偏、心电轴右偏、顺钟向转位、逆钟向转位心电图各一份。
(3) 分规。

【实验时间】

3 学时。

【实验方法和实验内容】

1. 学生独立对心电图进行测量(图 3-2-1)

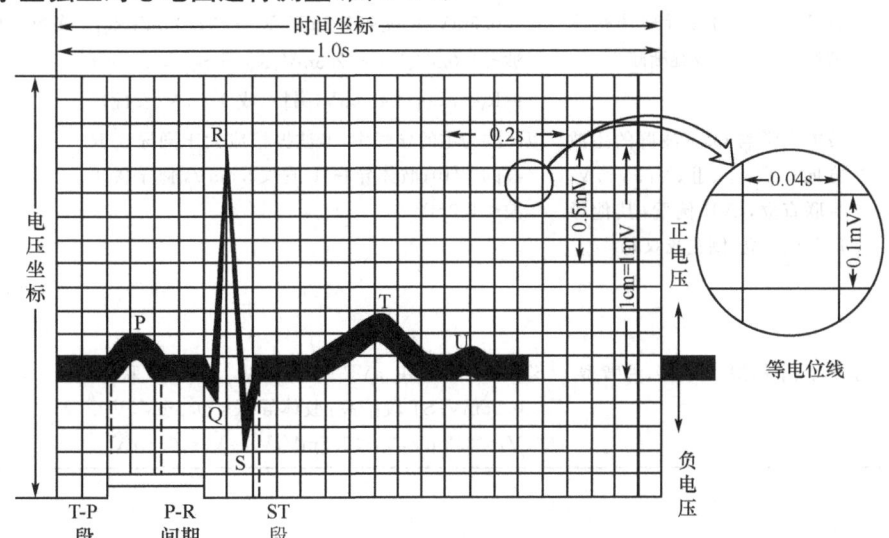

图 3-2-1 正常心电图

(1) 观察不同的定标电压和走纸速度对心电图波形的影响,确定心电图的定标电压和走纸速度。

(2) 确定心律:正常窦性心律应具备以下条件:① P 波在 Ⅰ、Ⅱ、aVF、$V_4 \sim V_6$ 导联中直立,aVR 中倒置;②每个 QRS 综合波前面均有一个相关的 P 波;③间期为 $0.12 \sim 0.20$ s。

(3) 观察各导联 P 波、QRS 波群、T 波的形态和测量各波的波幅大小,并与相应正常参考范围比较,测量 P-R 间期、Q-T 间期以及 ST 段位移,并与相应正常参考范围比较。

(4) 测量 P-P 间期、R-R 间期并计算心率:用估算心率的方法目测各份心电图的心率,并与计算的心率比较。估算心率的方法:先找到一个 R 波与大格($5mm \times 5mm$)纵向边重叠的 QRS 波群,以该大格纵向边为起点,后面的大格纵向边依次为 1、2、3……,观察下一个 R 波与第几条大格纵向边重叠,该大格纵向边对应的心率就是其估算心率,参见表 3-2-1。

表 3-2-1 心率的估算

大格纵向边数	1	2	3	4	5	6	7	8	9	10
心率/(次/min)	300	150	100	75	60	50	43	38	34	30

(5) 确定心电轴角度:先用 Ⅰ 和 aVF 主波的方向判断心电轴位于额面哪个象限,再比较 Ⅰ、Ⅱ、Ⅲ、aVR、aVL、aVF 上 R 波或 S 波的波幅大小,然后确定心电轴大致的角度。

(6) 确定是否有转位:观察 QRS 波群在胸导联(V_1、V_2、V_3、V_4、V_5、V_6)的演变规律,找出 R/S=1 的 QRS 波群位于哪个胸导联,以确定其是正常,还是顺钟向转位或逆钟向转位。

(7) 判断结果:综合上述结果,做出该份心电图的诊断,心电图的诊断最少有两方面的诊断,一个是心律的诊断,一个是图形的诊断。

(8) 正常心电图的各波、间期和段的参考范围,参见表 3-2-2。

表 3-2-2 正常心电图的各波、间期和段的参考范围

	形态	振幅	时限
P 波	Ⅰ、Ⅱ、aVF、V_4、V_5、V_6 导联直立圆钝,其余导联可低平、倒置或双向	肢体导联<0.25mV,胸导联<0.2mV	<0.12s
QRS 波群	Ⅰ、Ⅱ、aVF 主波向上、aVR 倒置,$V_1 \sim V_6$ 的移行规律是 R 波逐渐升高,S 波逐渐减少	R_I<1.5mV、R_{II}<2.5mV、R_{III}<2.0mV、R_{aVR}<0.5mV、R_{aVL}<1.2mV、R_{aVF}<2.0mV;R_{V1} 波<1.0mV、R_{V5}<2.5mV、$R_{V1}+S_{V5}$<1.2mV =$R_{V5}+S_{V1}$<4.0mV(男性)或 3.5mV(女性)	<0.11s,多数 $0.06 \sim 0.10$s
T 波	T 波方向常与 QRS 波群的主波方向一致,Ⅰ、Ⅱ、V_4、V_5、V_6 导联直立,aVR 倒置,其他导联可以直立、倒置或双向	以R波为主的导联中,T波振幅应大于同导联 R 波的 1/10;肢体导联 T 波<0.5mV,胸导联 T 波<1.0mV	
P-R 间期			$0.12 \sim 0.20$s
Q-T 间期			$0.32 \sim 0.44$s
ST 段	水平型、下斜型、上斜型、弓背型	ST 段下移:在 aVR<0.1mV,其他导联<0.05mV;ST 段抬高:肢体导联<0.1mV,V_1、V_2<0.3mV,V_3<0.5mV,$V_4 \sim V_6$<0.1mV	

示范正常心电图（图 3-2-2）

示范顺钟向转位心电图（图 3-2-3）

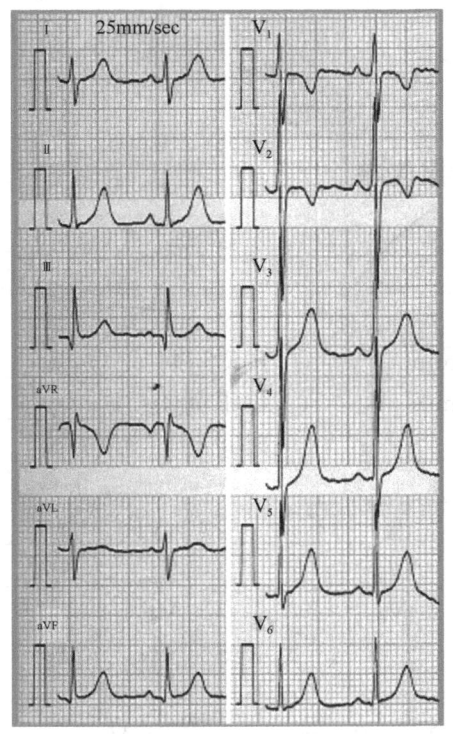

图 3-2-2　正常心电图

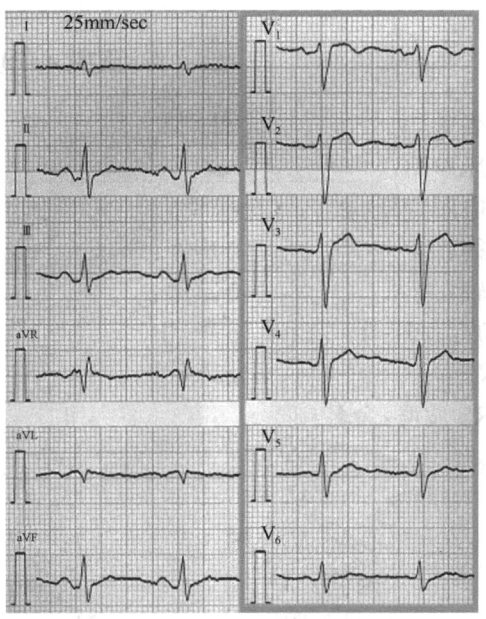

图 3-2-3　顺钟向转位

示范逆钟向转位心电图（图 3-2-4）

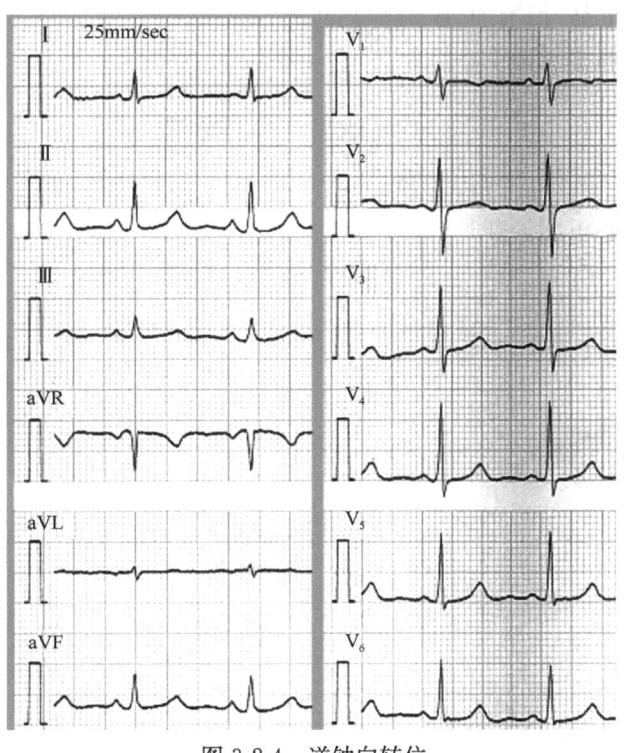

图 3-2-4　逆钟向转位

2. 教师辅导答疑

附 表 七

正常心电图实验报告单

姓名_____ 性别_____ 年龄_____ 心电图号_____
临床诊断：_____
心电图特征：
心律：_____ 心房率：_____次/min　　P-R 间期：_____s
电轴：_____ 心室率：_____次/min　　Q-T 间期：_____s
P 波：方向：Ⅰ_____ Ⅱ_____ aVR_____　　时间：_____s
电压：_____mV　　　　　　　　峰距：_____s
QRS 波群：命名：Ⅰ_____ Ⅱ_____ Ⅲ_____ aVR_____
　　　　　　aVL_____ aVF_____ V_1_____ V_2_____
　　　　　　V_3_____ V_4_____ V_5_____ V_6_____
　　　　比例：$V_1 R/S$_____1；$V_3 R/S$_____1；$V_5 R/S$_____1；
　　　　时间：_____s
　　　　电压：R_{V_5}_____mV　　$R_{V_5}+S_{V_1}=$_____mV
　　　　　　　R_{V_1}_____mV　　$R_{V_1}+S_{V_5}=$_____mV
ST 段（以 R 波为主导联）移位：
T 波（以 R 波为主导联）改变：
异常表现：

心电图诊断：

　　　　　　　　　　　　　　　　　　　　　　报告者：_____
　　　　　　　　　　　　　　　　　　　　　　日　期：_____

（广东医学院护理学院　许振华）

第三节 心房肥大和心室肥大

【目的要求】

(1) 掌握心电图上左心房肥大、右心房肥大和双侧心房肥大的特征性表现。
(2) 掌握心电图上左心室肥大、右心室肥大和双侧心室肥大的特征性表现。

【实验器材】

(1) 左心房肥大、右心房肥大和双侧心房肥大的心电图(10mm/1mV、25mm/s)各一份；左心室肥大、右心室肥大和双侧心室肥大的心电图(10mm/1mV、25mm/s)各一份；心房肥大和心室肥大的心电图(10mm/1mV、25mm/s)一份。
(2) 分规。

【实验方法和实验内容】

1. 学生独立观察和测量心电图,判断是哪种异常心电图

(1) 首先确定心电图的定标电压和走纸速度。
(2) 观察各导联 P 波、QRS 波群、T 波的形态和测量各波的波幅大小,并与相应正常参考范围比较。
(3) 测量 P-R 间期、Q-T 间期以及 ST 段位移,并与相应正常参考范围比较。
(4) 找出形态异常的 P 波和 QRS 波群,并分别与其肥大的标准比较,然后判断是否存在心房肥大、心室肥大,或同时存在心房和心室肥大。
(5) 判断心房肥大和心室肥大的参考范围,见表 3-3-1。

表 3-3-1 心房肥大和心室肥大的参考范围

	形态	振幅	时限
右心房肥大	Ⅱ导联 P 波高尖,V_1 导联 P 波正负双向	$P_Ⅱ>0.25mV$,P_{V_1} 正向波$>0.15mV$ 或 P_{V_1} 振幅$>0.20mV$	$P_Ⅱ<0.12s$
左心房肥大	Ⅱ导联 P 波增宽,切迹或双峰	P_{V_1} 负向波面积增大,$Ptf-V_1 \leqslant -0.04mm/s$	$P_Ⅱ>0.12s$
右心室肥大	V_1 导联 QRS 波群主波向上,继发性 ST-T 改变;心电轴右偏	$R_{V_1}>1.0mV$,$R_{V_1}+S_{V_5}>1.2mV$	
左心室肥大	V_5 导联 R 波增高,继发性 ST-T 改变;心电轴左偏	$R_{V_5}>2.5mV$,$R_{V_5}+S_{V_1}>4.0mV$ (男)或$>3.5mV$(女)	

示范右心房肥大心电图(图 3-3-1)
病史:男性,70 岁。慢性咳嗽、咳痰 5 年。
示范右心室肥厚心电图(图 3-3-2)
病史:男性,70 岁。慢性咳嗽、咳痰 20 多年。

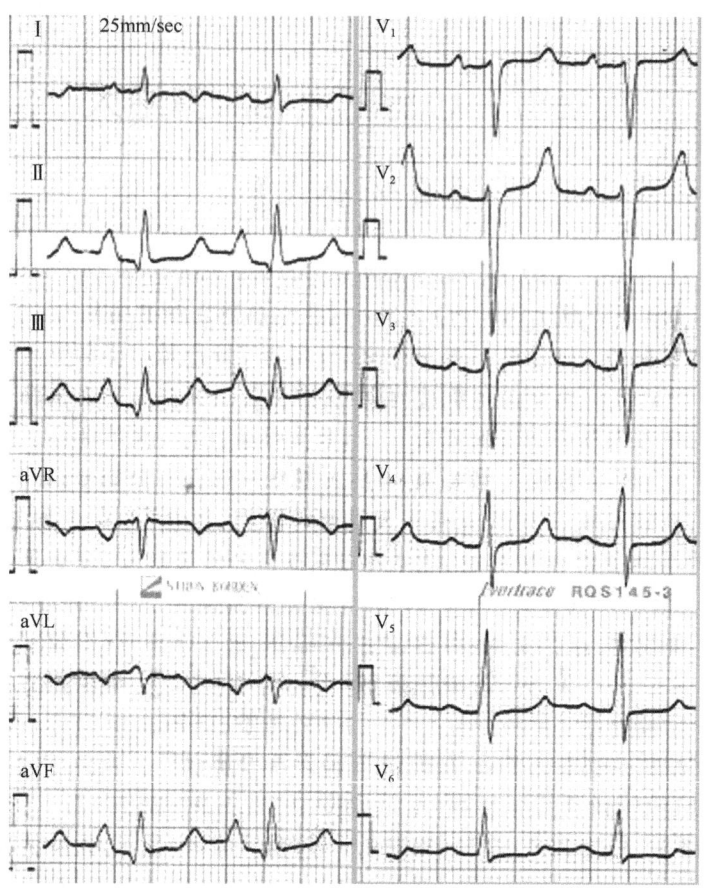

图 3-3-1　右心房肥大心电图

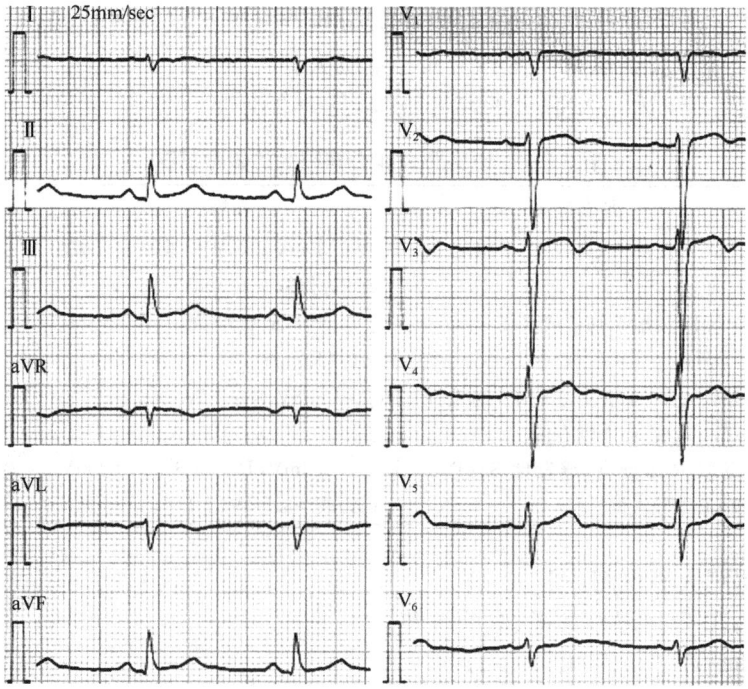

图 3-3-2　右心室肥厚心电图

示范左心房肥大：左心室肥厚心电图（图3-3-3）

病史：女性,29岁。临床诊断：风湿性心脏病、联合瓣膜病。

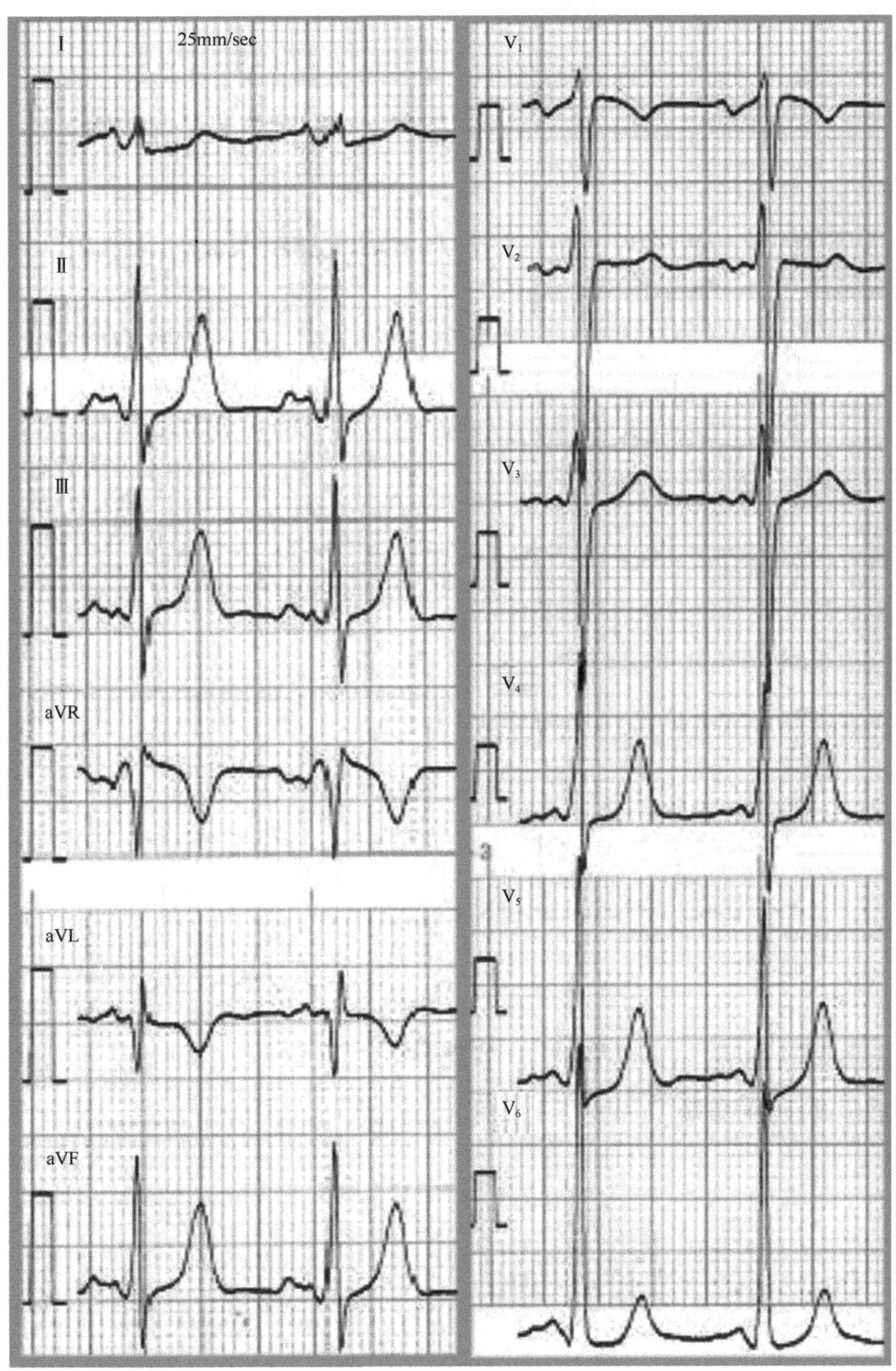

图3-3-3　左心室肥厚心电图

示范双侧心室肥大心电图(图 3-3-4)

病史：女性，26 岁。临床诊断：风湿性心脏病、联合瓣膜病。

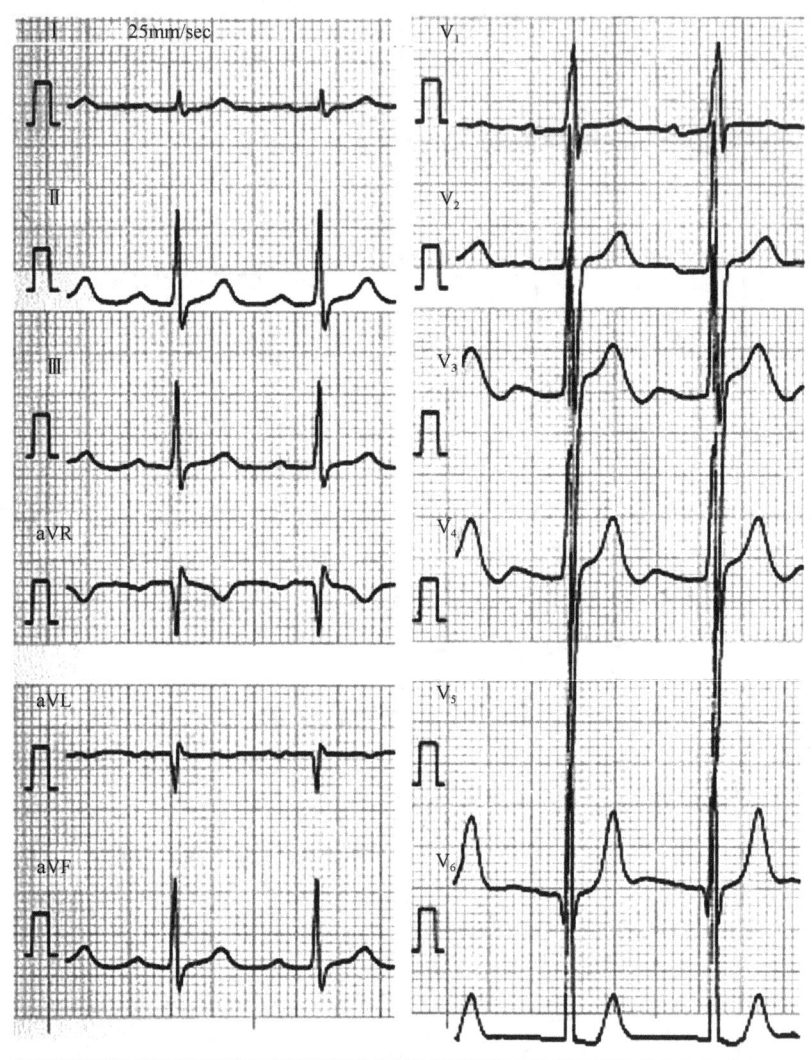

图 3-3-4　双侧心室肥大心电图

2. 教师进行辅导答疑

附 表 八

异常心电图实验报告单

姓名_____ 性别_____ 年龄_____ 心电图号_____

临床诊断：_____

心电图特征：

心律：_____ 心房率：_____次/min　P-R 间期：_____s

电轴：_____ 心室率：_____次/min　Q-T 间期：_____s

异常表现：

（1）P 波：

（2）QRS 波群：

（3）ST 段：

（4）T 波：

心电图诊断：

报告者：_____

日　期：_____

（广东医学院附属医院　蔡宏华）

第四节 心肌缺血和心肌梗死

【目的要求】

(1) 掌握心电图上心肌缺血的特征性表现。
(2) 掌握心电图上心肌梗死的演变规律以及确定心肌梗死的定位、受累动脉和分期。

【实验器材】

(1) 心肌缺血的心电图(10mm/1mV、25mm/s)一份,间壁梗死、前壁梗死、侧壁梗死、下壁梗死以及后壁梗死的心电图(10mm/1mV、25mm/s)各一份。
(2) 分规。

【实验方法和实验内容】

1. 学生独立观察和测量心电图,并判断是哪种异常心电图

(1) 首先确定心电图的定标电压和走纸速度。
(2) 观察各导联 P 波、QRS 波群、T 波的形态和测量各波的波幅大小,并与相应正常参考范围比较。
(3) 测量 P-R 间期、Q-T 间期以及 ST 段移位,并与相应正常参考范围比较。
(4) 找出存在 ST 段移位、QRS 波群和 T 波形态异常的导联,然后判断是否存在心肌缺血或心肌梗死,以及确定缺血和心肌梗死的定位和受累动脉。
(5) 急性心肌梗死可分为四期:
1) 超急性期或早期,约在梗死数小时以内,以 T 波高耸为主要表现。
2) 急性期梗死以数小时或数天,以 ST 段抬高呈单向曲线为主要表现。
3) 亚急性期在梗死后三个月内,ST 段回至水平线,有 T 波倒置及出现 Q 波为主要表现。
4) 陈旧期在梗死后数月至数年,T 波恢复直立,只留有异常 Q 波,亦称陈旧性心肌梗死。
(6) 判断心肌缺血和心肌梗死的参考范围,见表3-4-1。

表3-4-1 心肌缺血和心肌梗死的参考范围

	形态	振幅
心肌缺血	ST 段水平型、下斜型、上斜型、弓背型下移;T 波对称性高尖或倒置	ST 段下移>0.05mV
心肌梗死	ST 段弓背型抬高、坏死性 Q 波形成	$ST_{V_1、V_2}$ 抬高>0.3mV、ST_{V_3} 抬高>0.5mV,其余导联 ST 段抬高>0.1mV

(7) 心肌梗死的定位和受累动脉,见表 3-4-2。

表 3-4-2 心肌梗死的定位和受累动脉

导联	梗死定位	受累动脉
V_1、V_2	间壁	左冠状动脉前降支的室间隔分支
V_3、V_4	前壁	左冠状动脉前降支
V_5、V_6、Ⅰ、aVL	侧壁	左冠状动脉回旋支
Ⅱ、Ⅲ、aVF	下壁	右冠状动脉后降支(右冠状动脉优势型),或左冠状动脉回旋支的后降支(左冠状动脉优势型)
V_7、V_8、V_9	后壁	右冠状动脉后降支(右冠状动脉优势型),或左冠状动脉回旋支的后降支(左冠状动脉优势型)
$V_3R \sim V_6R$	右心室	右冠状动脉

以异常 Q 波出现的导联进行定位,异常 Q 波必须符合以下三个条件之一:①Q 波宽≥0.04s;②Q 波深度≥R/4;③Q 波有切迹。

示范心肌缺血心电图(图 3-4-1)

病史:女性,55 岁。心前区压榨样疼痛反复发作,并放射至左肩。此图为未发作时的记录。

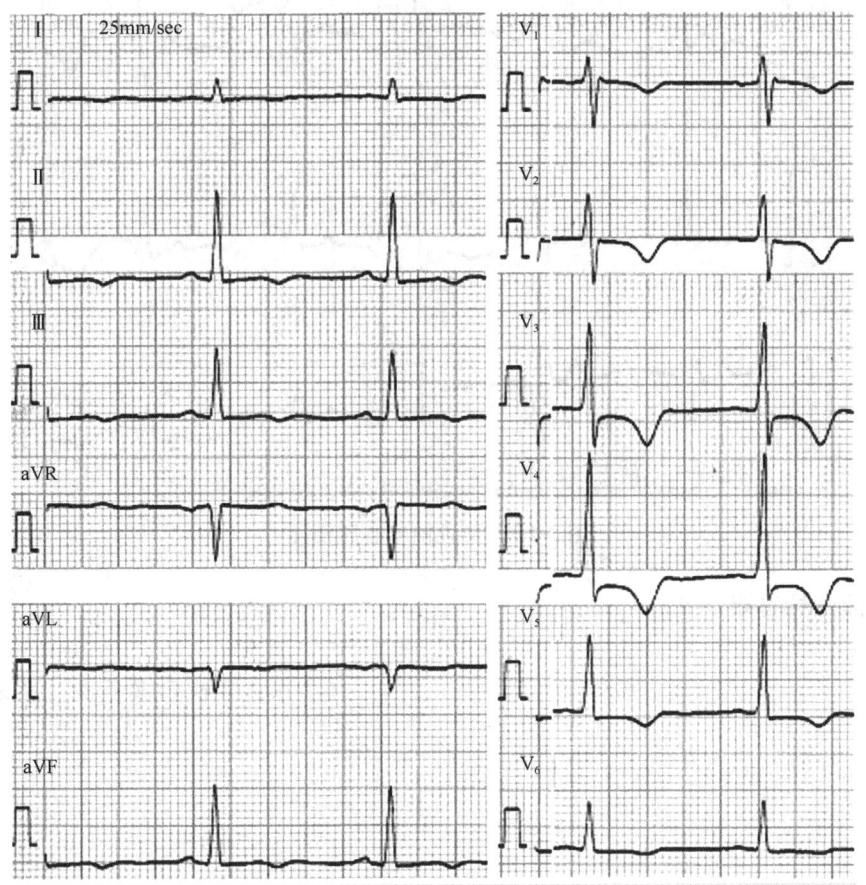

图 3-4-1 心肌缺血心电图

示范急性前壁心肌梗死(图 3-4-2)

病史:男,70 岁。心前区剧烈疼痛 2 小时。

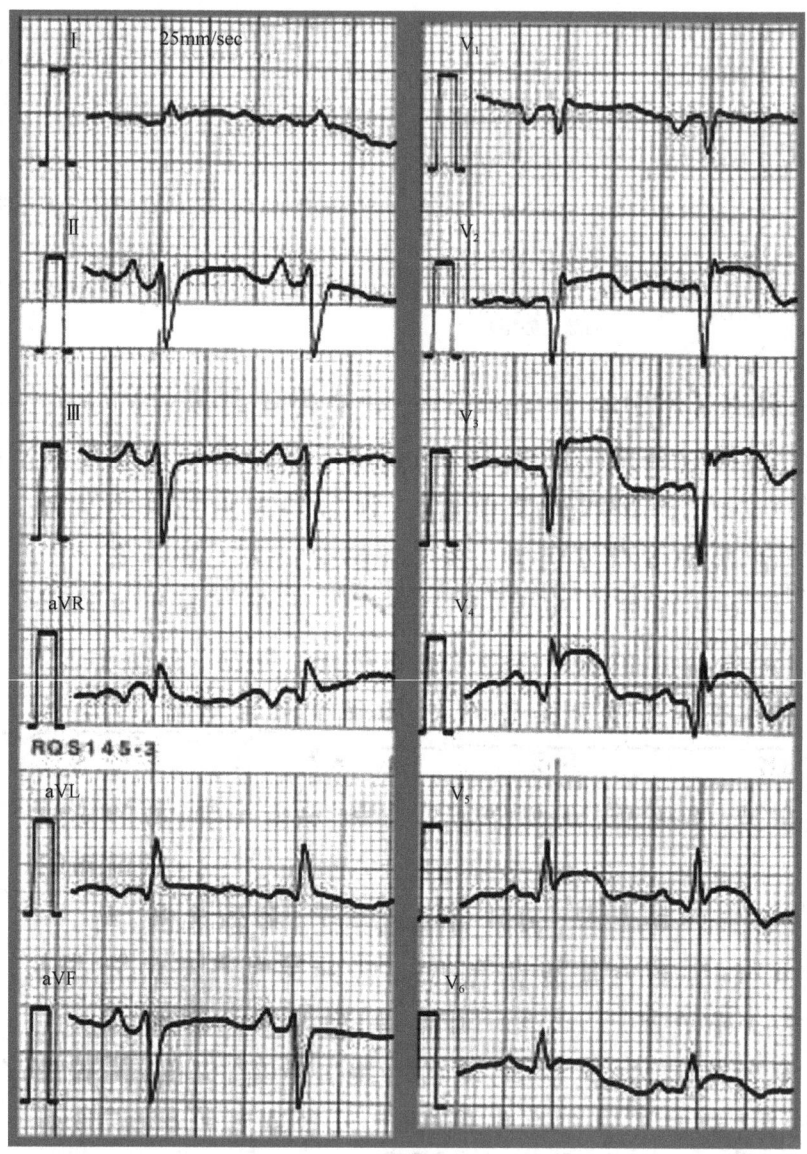

图 3-4-2　急性前壁心肌梗死

2. 教师辅导答疑

(广东医学院附属医院　蔡宏华)

第五节　心律失常（一）

【目的要求】

(1) 掌握分析心律失常的方法。
(2) 掌握窦性心动过速、窦性心动过缓、窦性心动不齐、窦性停搏的心电图表现。
(3) 掌握房性期前收缩、交界性期前收缩、室性早搏、室上性心动过速、室性心动过速的心电图表现。
(4) 掌握心房扑动、心房颤动、心室扑动、心室颤动的心电图表现。
(5) 掌握房性逸搏、交界性逸搏、室性逸搏的心电图表现。

【实验器材】

(1) 上述各类心律失常的心电图各一份。
(2) 分规。

【实验方法和实验内容】

学生独立心律失常的心电图进行分析，并判断是哪种心律失常

(1) 进行心律失常的分析时应选择 P 波与 QRS 波群清晰的导联，一般选择 Ⅱ 导联或 V_1 导联。
(2) 心律失常分析的一般步骤：首先观察 P 波的形态和节律，确定其是窦性 P 波或异位 P′波；根据 P-P 间距推断有无提前出现的 P′波或有无 P 波缺失。然后观察 QRS 波群的形态和时限，确定其是室上性还是室性；根据 R-R 间距推断有无提前出现的 QRS 波群或有无 QRS 波群脱漏，最后综合上述做出是何种心律失常的结论。作心电图诊断，原则上能用一种道理解释的不要设想过多可能性，一般首先考虑多见的，作出的结论要顾及治疗和患者安全。

示范窦性心动过速心电图(图 3-5-1)
病史：女性，25 岁。临床诊断：发热查因、上呼吸道感染。
示范窦性心动过缓心电图(图 3-5-2)
病史：男性，19 岁。平素身体健康，喜好运动，常规体检心电图。
示范房性期前收缩心电图(图 3-5-3)
病史：男性，62 岁。心悸 1 月。
示范室性期前收缩心电图(图 3-5-4)
病史：男性，64 岁。临床诊断：冠心病。
示范室性心动过速心电图(图 3-5-5)
男性，74 岁。咳嗽、胸闷、气促 1 月。

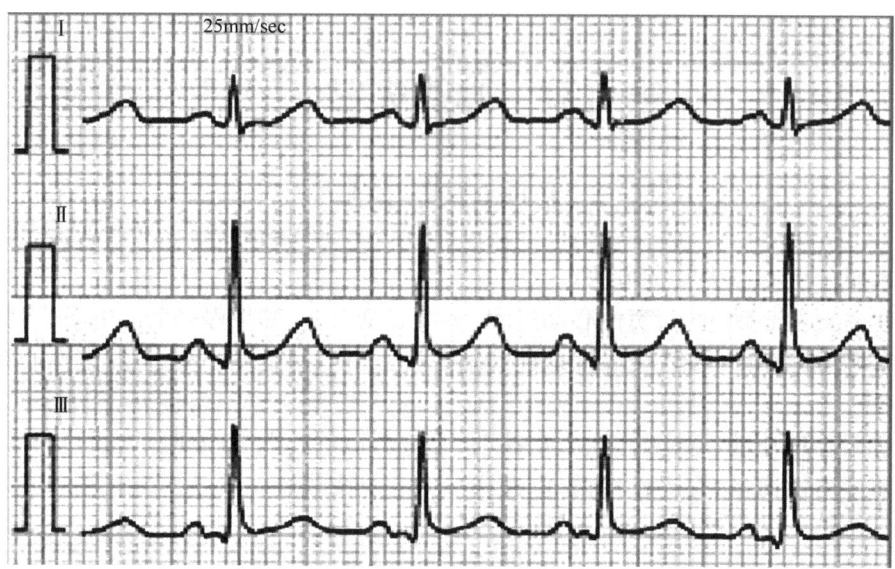

图 3-5-1　窦性心动过速心电图

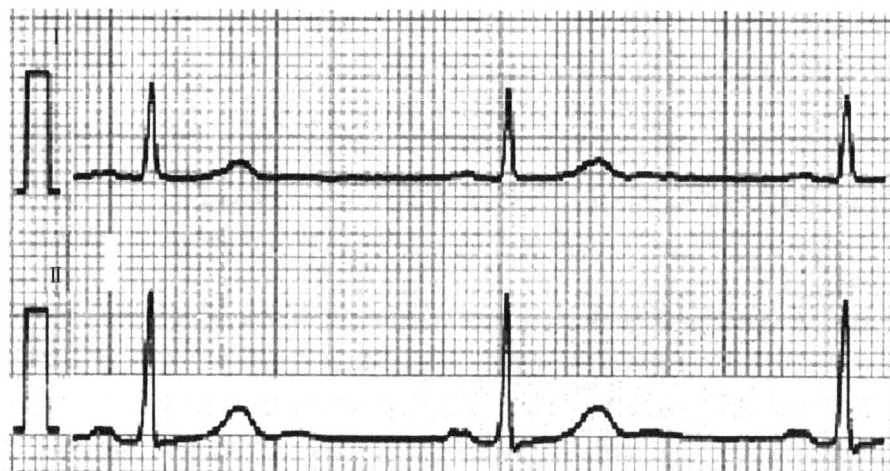

图 3-5-2　窦性心动过缓心电图

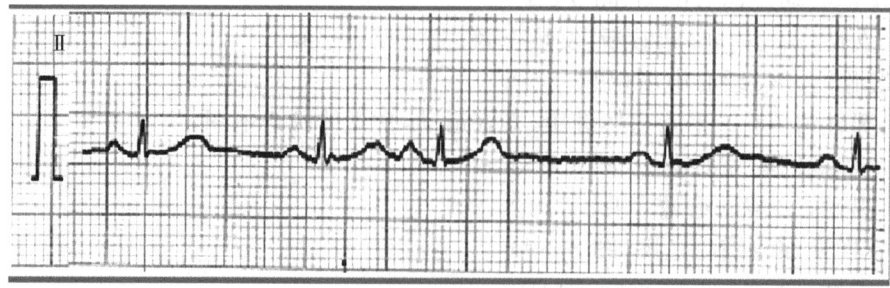

图 3-5-3　房性期前收缩心电图

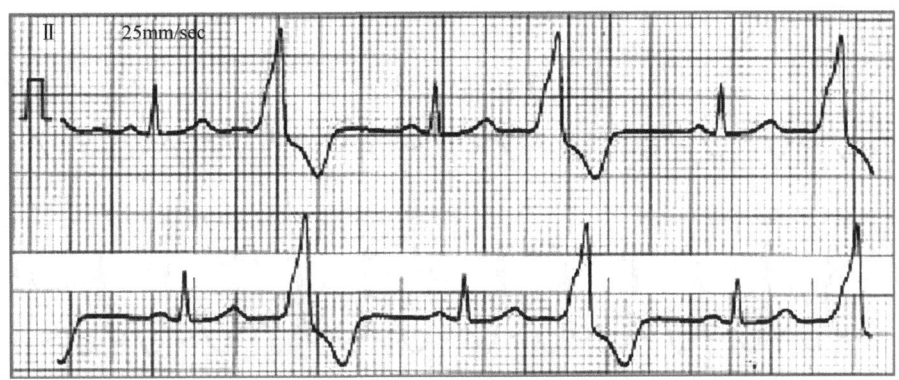

图 3-5-4　室性期前收缩心电图

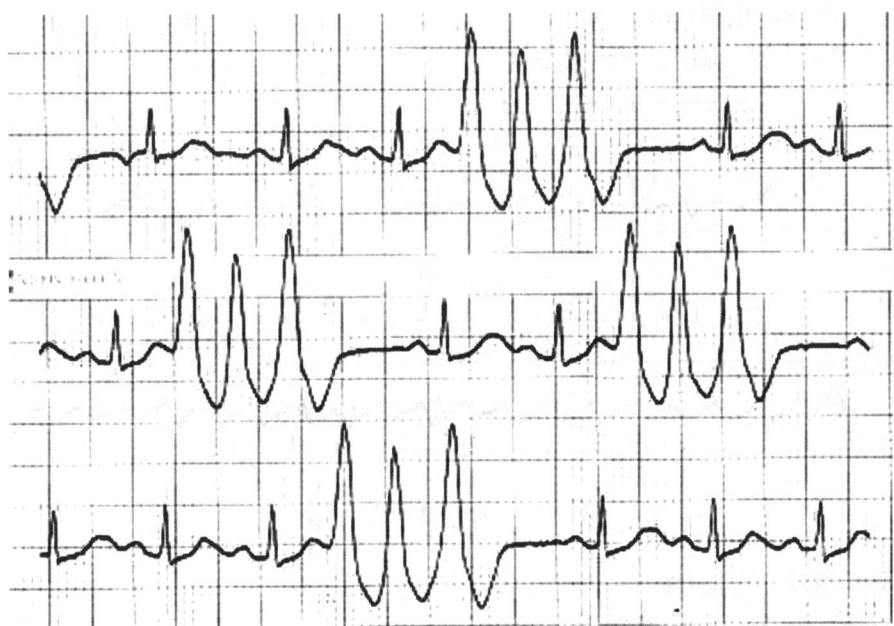

图 3-5-5　室性心动过速心电图

示范交界性期前收缩心电图(图 3-5-6)
病史:男性,44 岁。心悸 2 周。

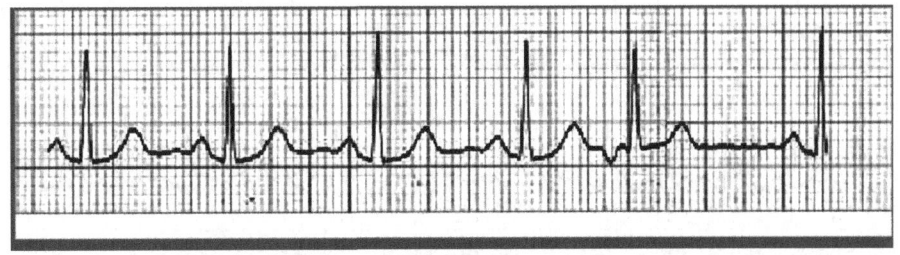

图 3-5-6　交界性期前收缩心电图

示范阵发性室上性心动过速心电图(图 3-5-7)
病史:男性,68 岁。临床诊断:冠心病。

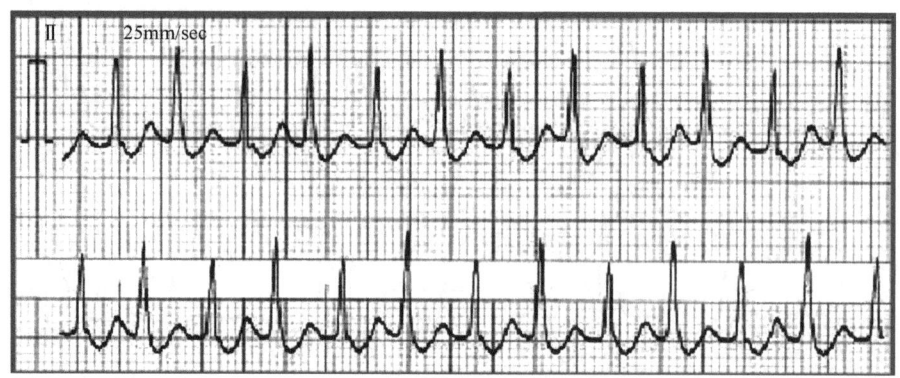

图 3-5-7　阵发性室上性心动过速心电图

示范心房扑动心电图(图 3-5-8)

病史:男性,71 岁。临床诊断:冠心病。

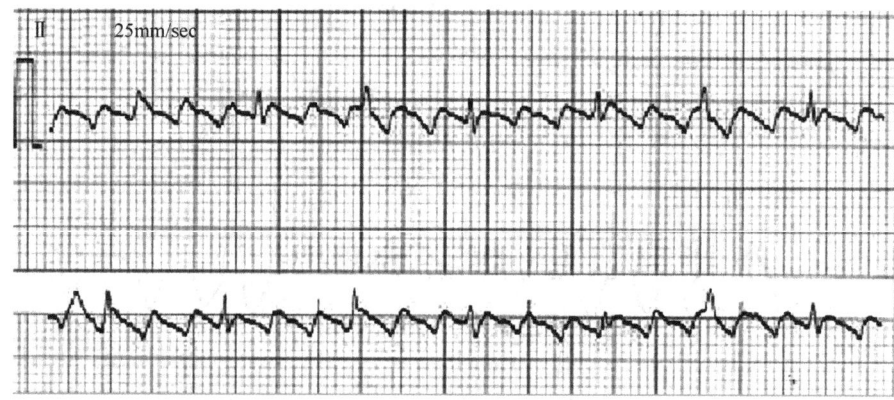

图 3-5-8　心房扑动心电图

示范心房颤动心电图(图 3-5-9)

病史:男性,75 岁。临床诊断:冠心病。

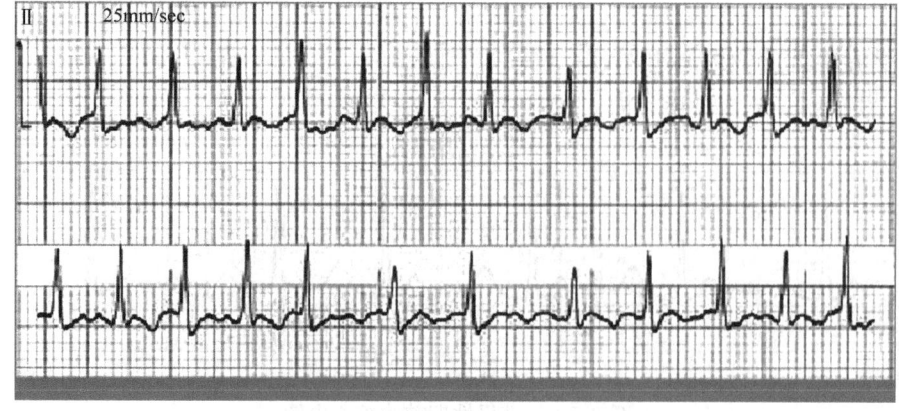

图 3-5-9　心房颤动心电图

(广东医学院附属医院　吴梅丽)

第六节　心律失常(二)

【目的要求】

(1) 掌握分析心律失常的方法。
(2) 掌握一度房室传导阻滞、二度Ⅰ型房室传导阻滞、二度Ⅱ型房室传导阻滞、三度房室传导阻滞的心电图表现。
(3) 掌握左、右束支传导阻滞的心电图表现。
(4) 掌握预激综合征(WPW 综合征、LGL 综合征)的心电图表现。
(5) 掌握高血钾、低血钾的心电图表现。

【实验器材】

(1) 上述各类心律失常的心电图各一份。
(2) 分规。

【实验方法和实验内容】

1. 学生独立分析心律失常的心电图,并判断是哪种心律失常

2. 学生独立分析心律失常传导异常的心电图,并判断是哪种传导异常　按传导障碍的程度不同,可分为三度。

(1) 一度房室传导阻滞:P-R 间期延长超过 0.20s(图 3-6-1)。
(2) 二度房室传导阻滞

1) Ⅰ型(Morbiz Ⅰ),在一系列 P 波中,P-R 间期依次进行性延长,直至 P 波不能下传入心室,发生一次心室漏搏。在漏搏后的第一次搏动中,P-R 间期又缩短,以后又重复上述表现,周而复始(图 3-6-2)。

2) Ⅱ型(Morbiz Ⅱ),P 波规则性出现,有周期性的 QRS 波群脱漏,但 P-R 间期固定,可以正常,也可以延长(图 3-6-3)。

(3) 三度房室传导阻滞(图 3-6-4)
1) P-P 和 R-R 间期各自维持自己固定的规律性。
2) P 波的频率较 QRS 波群为高。
3) P 波与 QRS 波群无固定关系。
4) QRS 波群可以增宽、畸形;亦可以正常。

3. 学生独立对室内传导阻滞的心电图进行分析

(1) 右束支传导阻滞(图 3-6-5)
1) QRS 波群时间增宽≥0.12s。
2) V_1、V_2 导联的 QRS 波群呈 rsR′型呈宽大并有切迹的 R 波。

3) V_5、V_6 导联呈 qRS 型、S 波显著加宽。

4) V_1、V_2 导联的 ST 段上抬，T 波倒置。V_5、V_6 的 ST 段抬高，T 波直立。

(2) 左束支传导阻滞(图 3-6-6)

1) QRS 波群时间增宽≥0.12s；V_5、V_6 的 VAT>0.06s。

2) V_1、V_2 导联呈 rS 型；或宽大的 QS 型，r 波或 QS 波降支的起始部粗钝。

3) V_5、V_6 导联呈粗纯或有切迹的 R 波，一般无 q 波，很少有 S 波。

4) V_1、V_2 导联 ST 段抬高，T 波直立，V_5、V_6 导联 ST 段降低，T 波倒置。

4. 预激综合征的心电图表现(图 3-6-7)

5. 高血钾、低血钾的心电图表现(图 3-6-8)

示范一度房室传导阻滞心电图(图 3-6-1)

病史：女性，30 岁。临床诊断：急性心肌炎。

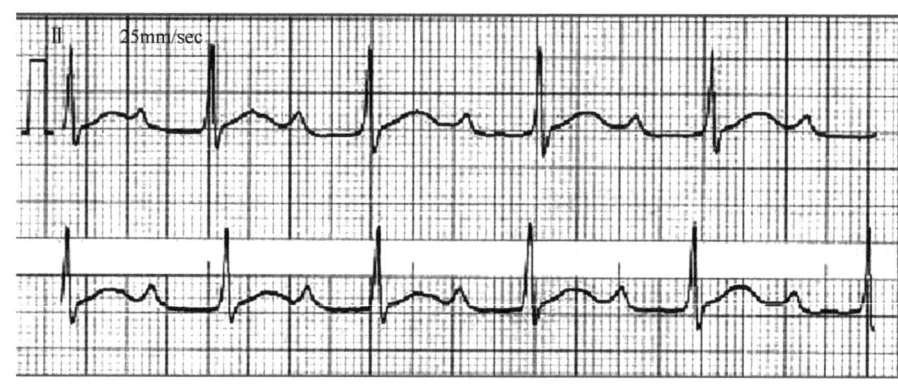

图 3-6-1　一度房室传导阻滞心电图

示范二度Ⅰ型房室传导阻滞心电图(图 3-6-2)

病史：男性，56 岁。常规体检心电图。

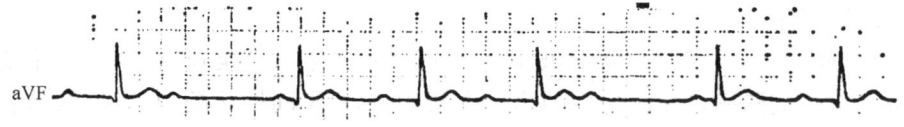

图 3-6-2　二度Ⅰ型房室传导阻滞心电图

示范二度Ⅱ型房室传导阻滞心电图(图 3-6-3)

病史：男性，68 岁。临床诊断：冠心病。

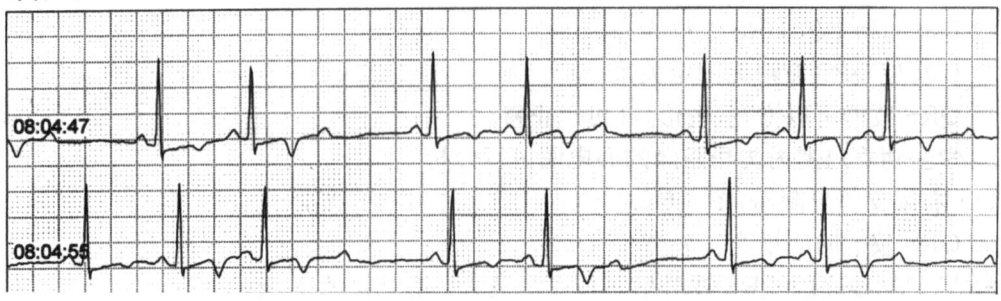

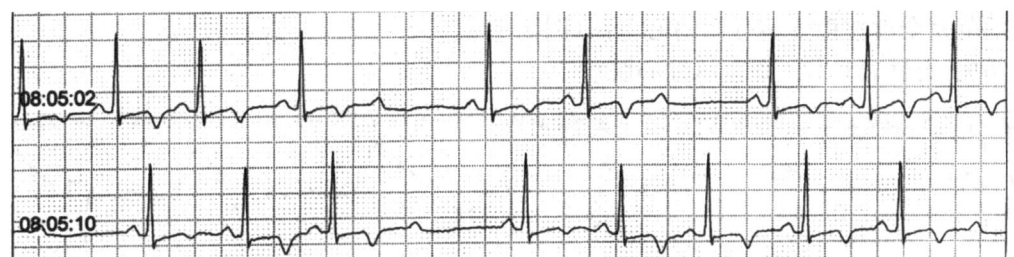

图 3-6-3　二度Ⅱ型房室传导阻滞心电图

示范三度房室传导阻滞心电图（图 3-6-4）

病史：男性，78 岁。头晕，黑矇 3 个月。临床诊断：冠心病。

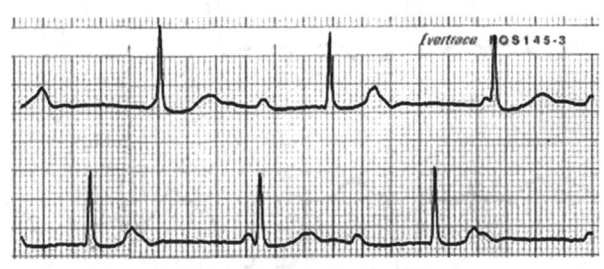

图 3-6-4　三度房室传导阻滞心电图

示范完全性右束支传导阻滞心电图（图 3-6-5）

病史：男性，70 岁。常规体检心电图。

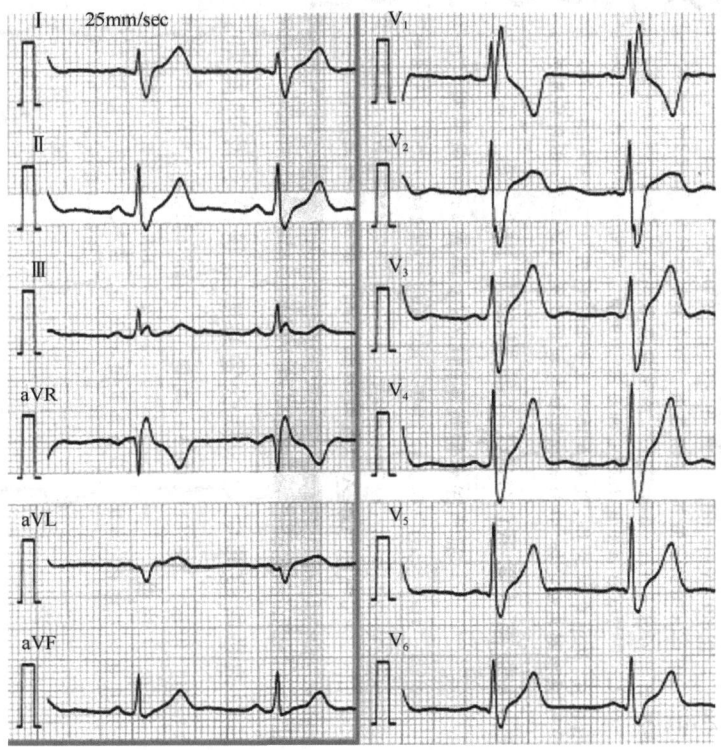

图 3-6-5　完全性右束支传导阻滞心电图

示范完全性左束支传导阻滞心电图（图 3-6-6）
病史：男性，61 岁。高血压性心脏病。

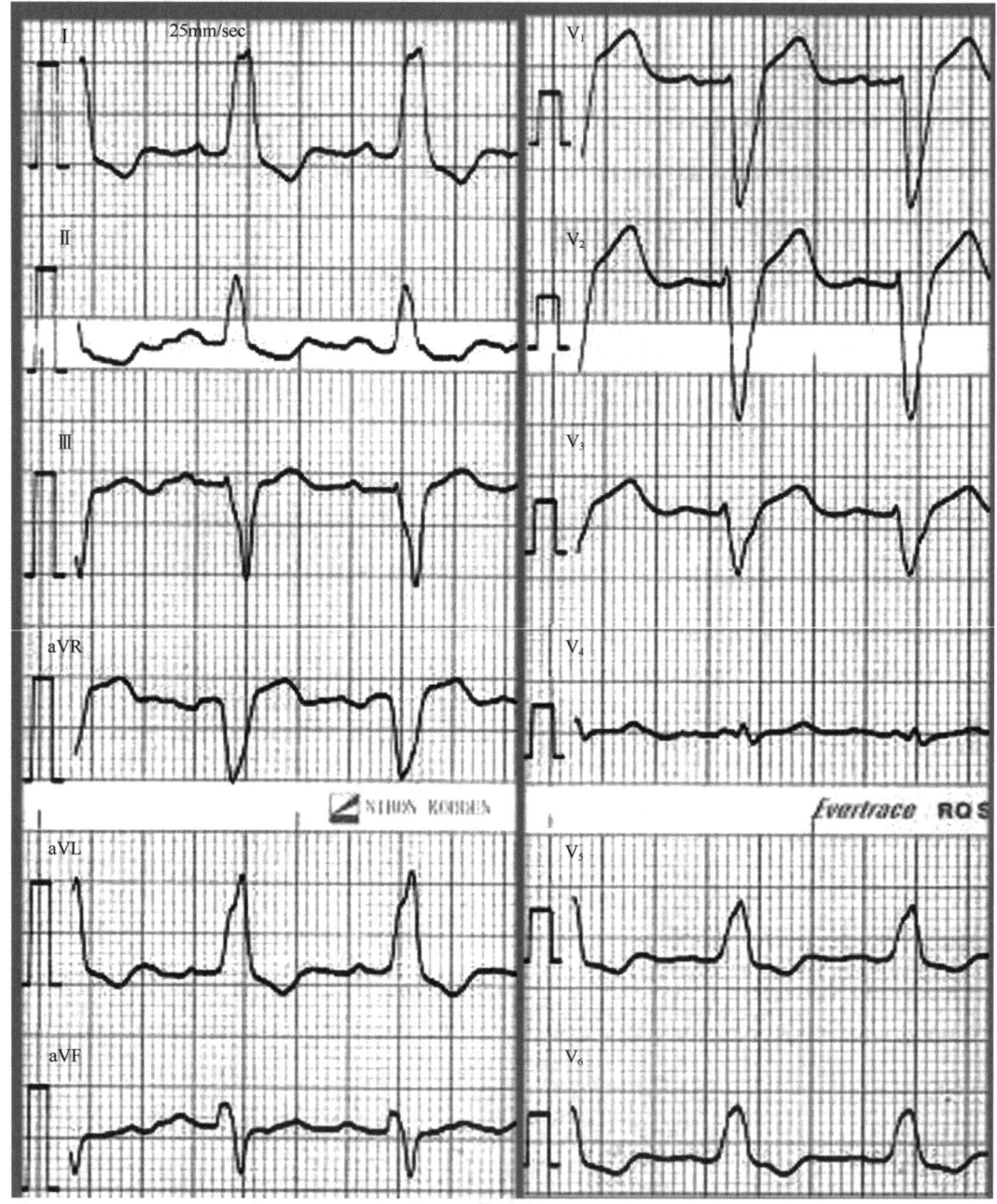

图 3-6-6　完全性左束支传导阻滞心电图

示范预激综合征心电图（图 3-6-7）
病史：女性，23 岁。近年来反复发作心动过速。
示范高血钾心电图（图 3-6-8）
病史：男性，42 岁。临床诊断：尿毒症。

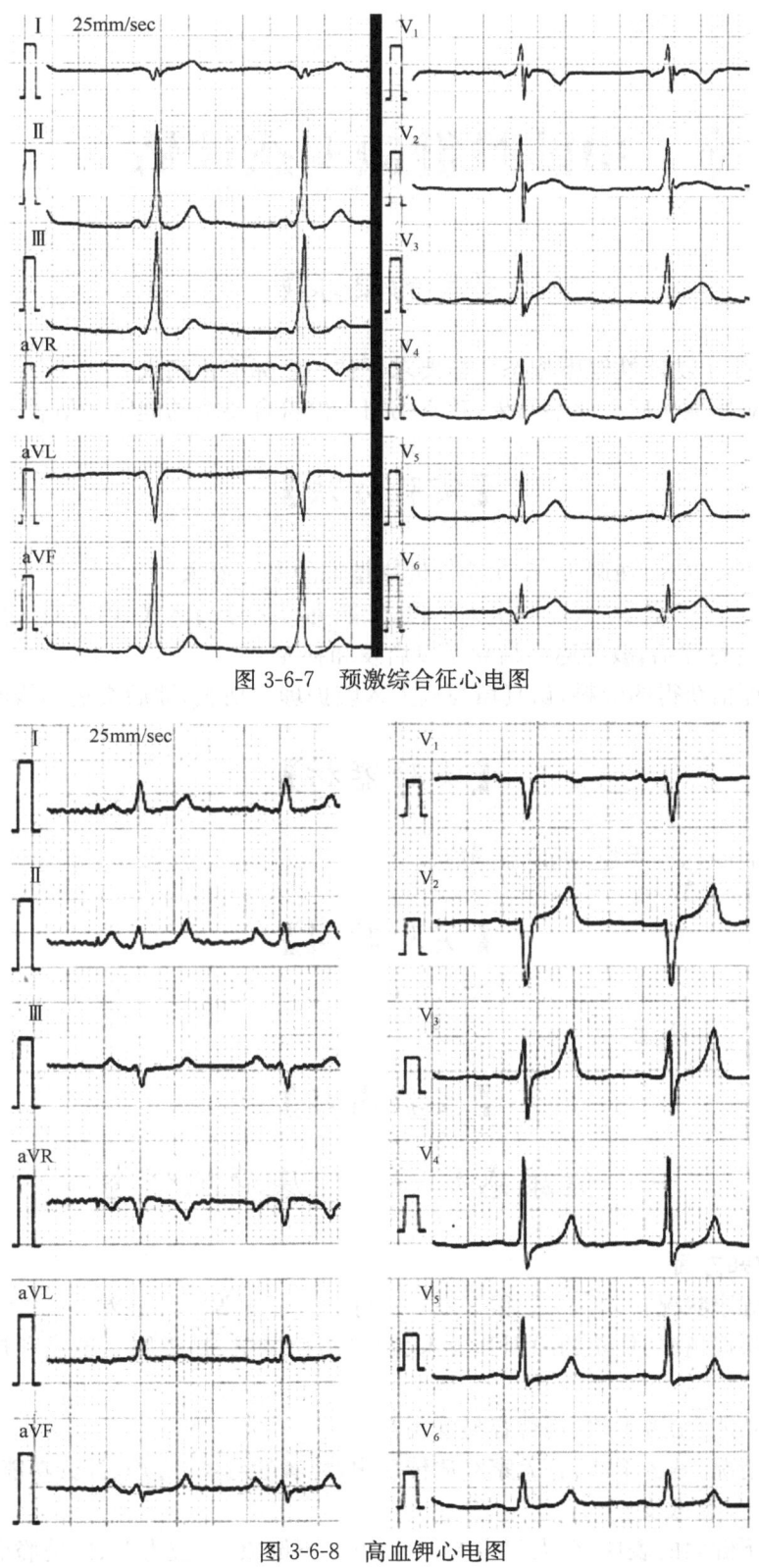

图 3-6-7 预激综合征心电图

图 3-6-8 高血钾心电图

(广东医学院附属医院 吴梅丽)

第四章　功能性健康型态评估

【目的要求】

(1) 按照11个功能性健康型态评估要求评估一名标准化病人。
(2) 根据对标准化病人评估结果,独立书写一份符合要求的健康评估表。

【实验方法】

(1) 复习相关内容,强调11个功能性健康型态的书写要求。
(2) 每一组5~7名学生,以小组为单位,依照见习指导的格式、内容对病史及体征典型的标准化病人进行评估,教师巡回指导予以启发和补充。
(3) 根据评估获得的资料,认真填写病人入院护理评估表,课后交老师修改。

【实验器材】

体温表、血压计、压舌板、听诊器、软尺。

【实验时间】

1学时。

【实验内容】

一、健康感知——健康管理型态

1. 健康感知方面
(1) 以往健康状况？　　　很好　　好　　中等　　差
(2) 这次疾病情况:住院的原因和要求、接受治疗情况、是否愿意遵循和执行医护人员指导？
(3) 感官功能:是否正常、是否容易受伤？
(4) 发育情况:是否正常、有无家庭遗传病史,患者的身体、心理、社会功能、认知发展情况、是否有生长发育改变？
(5) 个体不健康的表现:个人卫生差、生活方式不健康、适应力差、感情脆弱等。

2. 健康管理
(1) 日常保健措施:营养状况、口腔保健、规则锻炼、休闲活动、自我检查等。

（2）嗜好：吸烟、饮酒、习惯用药，进食多糖、高盐、高脂食物等。

（3）疾病预防和保持健康：维持平衡膳食、保持体重、规则锻炼、定期免疫接种、自我检查（乳房、睾丸）和专科检查（妇科、口腔）等。

（4）安全知识：防火、防电、管理毒品、驾车等。

3. 健康价值观

（1）健康是否重要？

（2）个体的健康状况由谁决定？

（3）谁实施您所需要的健康照顾？

（4）如果有人认为人们应对自己的健康负全部责任，您如何看待？如果有人认为健康与否是天命，您如何看待？

4. 健康咨询资源

（1）遇到健康问题时，您会找谁？

（2）遇到健康问题时，您会怎么做？

（3）生病了，不知该如何处理时，您会向谁咨询？

5. 影响健康的危险因素

（1）遗传因素：家族中有无高血压、心脏病、糖尿病及癌症等家族史？

（2）生活方式：如果吸烟、饮酒，每天的量是多少？

（3）是否酗酒或吸毒？

（4）每日的活动量有多少？是否进行常规锻炼？方式、强度、频度和每次持续的时间是多少？

（5）饮食情况怎么样？

（6）家庭经济情况怎么样？收入和支出是否平衡？

（7）环境：家庭和工作环境中有无影响健康的危险因素？

（8）健康维护行为。

二、营养——代谢型态

1. 营养状况

（1）身高、体重是否正常，如不正常，询问可能原因？

（2）一天的进食情况是否符合要求。

（3）食欲、有无恶心、呕吐、口苦、进食困难等？

（4）活动量、运动量。

2. 液体平衡

（1）有无水肿、脱水。

（2）每天的液体出入量。

（3）是否有口渴、皮肤弹性差、心率增快、乏力等缺水、脱水征象。

3. 组织完整性

（1）有无皮肤、黏膜的完整受损。

（2）是否存在皮肤、黏膜完整性受损因素：躯体活动受限、水肿、营养不良、循环不良、感觉缺陷。

4. 体温
(1) 是否正常?
(2) 环境温度、湿度和空气流动情况对体温的影响。
5. 母乳喂养
(1) 母乳是否足够、喂养是否有效、有无按时按常规添加辅食?
(2) 母乳喂养有无顾虑和困难?

三、排泄型态

1. 排便
(1) 排便规律:时间、次数、大便的性状、颜色和有无特殊气味。
(2) 便秘:有无习惯性便秘,是否长期使用泻药。
(3) 腹泻:有无腹泻,腹泻的次数、间隔时间、性状、量、有无特殊气味。
(4) 排便自主控制:有无排便不能自主,咳嗽、打喷嚏或大笑等腹压增高的活动时有无大便排出?
2. 排尿 有无尿频、尿急、尿痛、尿失禁、排尿困难?

四、活动——运动型态

1. 活动与运动
(1) 每日活动与运动形式:工作、锻炼、娱乐、家务活动等。
(2) 锻炼的类型、频度、持续时间及其强度?
2. 日常生活活动能力
(1) 自理能力?
(2) 活动能力? 活动时是否需要借助辅助用具?
3. 活动耐力
(1) 活动与运动后是否气急?
(2) 活动与运动后您是否觉得疲乏无力?
4. 影响活动耐力的因素
(1) 是否患有心血管疾病、呼吸系统疾病或骨、关节和肌肉、神经系统疾病?
(2) 是否服用受体阻滞剂、降压药、地高辛等药物?

五、睡眠——休息型态

(1) 休息后体力恢复情况?
(2) 日常睡眠型态:入睡时间、睡眠持续时间、夜间是否易醒? 午睡与否、时间长短?
(3) 有无失眠、失眠类型、病程、原因?
(4) 有无白天过度嗜睡、原因?
(5) 睡前习惯? 辅助睡眠的方式?
(6) 影响睡眠的因素?

六、认知——感知型态

1. 感知方面
(1) 感官功能:视觉、听觉、味觉、嗅觉有无变化。
(2) 有无疼痛?疼痛部位、性质、程度、持续时间、加重或缓解的因素?

2. 认知方面
(1) 思维能力是否正常?
(2) 语言能力具备与否,是否丰富完整。
(3) 定向力的识别情况?
(4) 意识状态是否清醒?

七、自我概念型态

(1) 总体来说,对自己满意吗?
(2) 最关注的健康问题?
(3) 相关疾病对自己和他人对自己看法的影响(情绪状态和心理感受)?
(4) 能否应对目前的情况?

八、角色——关系型态

(1) 有无影响正常沟通的因素存在、有无沟通困难(说话困难或语言不通)。患者有无不愿沟通、退缩、回避?
(2) 患者与家庭成员的关系如何?有无关系恶化、沟通无效或社会处境困难。家属或朋友是否常来探视。
(3) 患者有无患者角色适应困难,入院后能否按医嘱进行活动、休息与营养。
(4) 患者对未来有无失落感,是否认还是痛苦?
(5) 患者是否表现难以管理,有何缺点?
(6) 家庭是否有能力满足患者情感和躯体方面的需要。
(7) 患者住院对家庭、工作的影响?

九、性——生殖型态

(1) 是否进行健康的性行为。
(2) 有无性行为方面的改变、困难或受限。
(3) 有无心理或躯体方面受虐待的情况。

十、压力与应对型态

(1) 目前是否有感到压力或紧张焦虑的事情?

（2）近来生活有哪些改变？
（3）是否有能力应对？
（4）采取什么方式缓解紧张或压力？
（5）是否解决自己的问题和烦恼？是否有效处理自己目前的压力？
（6）当无能为力时，是否求助他人？

十一、价值——信念型态

（1）生病时会向谁请教？
（2）有无因宗教信仰而必须禁止的事物？
（3）有无文化和精神世界方面的矛盾，或对生存意义产生疑问？

（广东医学院护理学院　孙晓晖　李雪洁）

第五章 护理诊断

【目的要求】

通过练习,培养学生收集、分析病人资料的能力,掌握护理诊断的方法。

【实验方法】

(1) 教师通过病例分析示范护理诊断的方法及步骤。
(2) 分组进行护理评估,每一组5~7名学生,对一名标准化病人进行问诊、体格检查,了解实验室和辅助检查结果。
(3) 小组讨论,做出护理诊断。
(4) 各组代表汇报结果,教师点评。

【实验时间】

1学时。

【病例分析】

患者,男性,23岁。诉昨日上午起突发寒战、高热伴头痛,乏力、周身酸痛、食欲不振。今晨起又出现咳嗽、气急和右上胸痛,并咯出少量带血丝痰液。即来急诊,拟"肺炎球菌肺炎"收入院。体查:T 39.8℃,P 110次/分,R 38次/分,BP 90/60mmHg。急性病容,面色潮红,呼吸急促,鼻翼扇动,口唇微发绀。右上胸呼吸运动减弱,语颤增强,叩诊音较浊,可闻及细湿罗音。心律齐,腹平软,肝、脾未触及。实验室检查:白细胞 18×10^9/L,中性粒细胞85%。患者对住院无思想准备。

请列出患者的主要护理诊断。

一、方法及步骤

1. 收集资料 通过问诊、体格检查、实验室检查报告获取资料。
2. 分析综合资料
(1) 将资料与正常值进行比较,找出异常,并找出相关因素和危险因素。
(2) 将可能性较大的问题罗列出来,形成多个诊断性假设。
(3) 进一步收集异常资料并与各健康功能型态所属护理诊断的诊断依据进行比较,若相符合,即可做出初步护理诊断。

3. 将初步护理诊断按先急后缓、先重后轻的原则进行排序

二、主要护理诊断

1. **气体交换受损**　呼吸急促、口唇发绀 与肺部炎症、痰液堵塞气道有关。
2. **体温过高**　T 39.8℃ 与肺部感染有关。
3. **有体液不足的危险**　与高热、呼吸急促、摄入不足有关。
4. **潜在并发症**　感染性休克
5. **知识缺乏**　缺乏肺炎病情变化及治疗的相关知识。

（广东医学院附属医院　邱丽清）

第六章 护理病历书写

【目的要求】

通过对病人健康资料的采集和记录,进一步巩固学生采集病人资料的方法和技巧,熟悉健康评估记录的内容,掌握规范书写病例的要求。

【实验方法】

(1) 教师复习、示范问诊的方法及技巧、健康评估记录的要求。
(2) 分组进行护理评估,每一组5~7名学生,对一名标准化病人进行问诊、体格检查,了解实验室和辅助检查结果。
(3) 小组讨论、做出护理诊断,规范填写一份《病人入院首次健康评估表》。
(4) 教师审阅,点评。

【实验时间】

1学时。

附 表 九

健康评估记录练习

姓名：＿＿＿＿＿＿ 学号：＿＿＿＿＿＿ 教师评价（优、良、及格、不及格）

病人入院首次护理评估表

一、一般资料

科别＿＿＿＿＿病区＿＿＿＿＿病室＿＿＿＿＿床号＿＿＿＿＿住院号＿＿＿＿＿
姓名＿＿＿＿＿性别＿＿＿＿＿年龄＿＿＿＿＿民族＿＿＿＿＿职业＿＿＿＿＿
婚姻＿＿＿＿＿籍贯＿＿＿＿＿文化程度＿＿＿＿＿病史叙述者＿＿＿＿＿
入院日期＿＿＿＿年＿＿＿月＿＿＿日＿＿＿时＿＿＿分 医疗费用支付形式＿＿＿＿＿
入院方式：步行 扶行 轮椅 平车　　　入院处置：更衣 沐浴 剪指甲 未处置
入院介绍：病室环境、病室制度（饮食、作息时间、探访时间）、病员守则等。
入院诊断：＿＿＿＿＿＿＿＿＿＿＿＿＿＿＿＿＿＿＿＿＿＿＿＿＿＿＿＿＿

二、简要病史

1. 主诉：＿＿＿＿＿＿＿＿＿＿＿＿＿＿＿＿＿＿＿＿＿＿＿＿＿＿＿＿＿
2. 现病史：＿＿＿＿＿＿＿＿＿＿＿＿＿＿＿＿＿＿＿＿＿＿＿＿＿＿＿＿＿

三、人体功能性健康型态

1. 健康状况——保健型态
自觉健康状况：良好　　一般　　较差　　差
既往病史：无　有＿＿＿＿＿＿＿＿＿＿＿＿＿＿＿＿＿＿＿＿＿
家族史：无　有＿＿＿＿＿＿＿＿＿＿＿＿＿＿＿＿＿＿＿＿＿＿
过敏史：无　有（名称＿＿＿＿＿＿＿＿＿＿＿＿＿＿＿＿＿＿＿＿＿）
吸烟：无　偶尔吸烟　经常吸烟（＿＿＿＿年　＿＿＿＿支／日　已戒＿＿＿＿年）
饮酒：无　偶尔饮酒　经常饮酒（＿＿＿＿年　＿＿＿＿两／ml／日　已戒＿＿＿＿年）
药物依赖／药瘾／吸毒：无　有（名称＿＿＿＿＿，剂量＿＿＿＿／日，＿＿＿＿年）
遵循医嘱／健康指导：是　否（原因＿＿＿＿＿＿＿＿＿＿＿＿＿＿＿＿＿＿）
寻求促进健康的信息：无　有（＿＿＿＿＿＿＿＿＿＿＿＿＿＿＿＿＿＿＿＿）
对疾病的认识：完全认识　部分认识　不认识

2. 营养——代谢型态
膳食种类：普食 软食 半流质 流质 禁食（＿＿＿＿天）治疗饮食＿＿＿＿＿
饮食习惯：偏食：＿＿＿＿＿　忌食：＿＿＿＿＿　其他：＿＿＿＿＿
食欲：正常　亢进（＿＿＿＿天）下降（＿＿＿＿天）进食方式：正常　其他＿＿＿＿＿

咀嚼困难:无　有(原因_____)
吞咽困难:无　固体　液体(原因_____,持续时间_____)
近期体重变化:无　增加/下降_____kg(原因_____)

3. 排泄型态
排便:_____次/日　　颜色:_____　　性状:_____
便秘(1次/_____日)　腹泻(_____次/日)　失禁(_____次/日)
应用缓泻剂:无　有:_____
排尿:____次/日　颜色____　性状____　量____ml/天　夜尿____次/夜____ml/夜
尿失禁　尿潴留　排尿时间延长　尿中断　尿频　尿急　尿痛　留置尿管　膀胱造瘘

4. 活动——锻炼型态
自　理:全部　障碍(进食　沐浴/卫生　穿着/修饰　如厕)
活动能力:下床活动　坐椅子　卧床(自行翻身/协助翻身)　其他_____
活动耐力:正常　容易疲劳(描述_____)
步　态:稳　不稳(原因_____)
医疗/疾病限制:医嘱卧床　持续静滴　石膏固定　牵引　瘫痪:_____
辅助用具:无　有(轮椅　拐杖　手杖　助行器　假肢　其他_____)

5. 睡眠——休息型态
休息后体力是否容易恢复:是　否(原因_____)
睡眠:正常　入睡困难　易醒　早醒　多梦　噩梦　失眠　睡眠时间_____小时/天
辅助睡眠:无　有(药物　催眠术　准备睡眠环境　其他_____)

6. 认知——感知型态
疼痛:无　有(部位:_____　性质:_____　持续时间:_____)
视力:正常　远/近视　视力下降　视力模糊　　听　力:正常　下降
记忆力:正常　下降　　　　　　　　　　　　语言能力:正常　失语　构音困难

7. 自我感觉——自我观念型态
对自我的看法:满意　不满意　其他_____
情绪状态:镇静　悲哀　易激动　焦虑　恐惧　孤独　沮丧　欣快　敌意　无反应
　　　　(描述)_____
心理感受:害羞　负罪感　无用感　无能为力　孤独无助感　自我否定
　　　　(描述)_____

8. 角色——关系型态
就业状态:固定职业　短期丧失劳动力　　长期丧失劳动力　失业
家庭结构:_____　家庭关系:和谐　紧张
角色问题:无　角色概念冲突　角色行为冲突　缺乏角色意识　否认角色
　　　　(描述)_____
社交:正常　孤独感　被遗弃感　希望与更多的人交往　语言交流障碍　不愿与人交往
　　　(描述)_____

9. 性——生殖型态
性生活:正常　障碍
月经:正常　紊乱　痛经　绝经　月经量过多(持续时间_____月/_____天)

孕次：＿＿＿＿＿＿＿＿＿＿ 产次：＿＿＿＿＿＿＿＿＿

10. 应对能力——耐受力型态

住院顾虑：无 经济问题 自理能力 其他＿＿＿＿＿＿＿＿＿＿＿＿＿＿＿＿＿

近期重要生活事件：无 有＿＿＿＿＿＿＿＿＿＿＿＿＿＿＿＿＿＿＿＿＿＿＿

适应能力：能独立解决问题 寻求别人帮助 依赖别人解决问题
　　　　　（描述）＿＿＿＿＿＿＿＿＿＿＿＿＿＿＿＿＿＿＿＿＿＿＿＿

对疾病和住院的反应：否认 适应 依赖
　　　　　　　　（描述）＿＿＿＿＿＿＿＿＿＿＿＿＿＿＿＿＿＿＿＿＿

家庭对患者的健康需要：忽视 不能满足 能满足 寻求帮助 过于关心
　　　　　　　　　（描述）＿＿＿＿＿＿＿＿＿＿＿＿＿＿＿＿＿＿＿

11. 价值——信仰型态

宗教信仰：无 有＿＿＿＿＿＿＿＿ 信仰困惑：无 有＿＿＿＿＿＿＿＿

四、体格检查

1. 生命体征：

体温：＿＿＿＿＿℃ 脉搏：＿＿＿＿＿次/分 呼吸：＿＿＿＿＿次/分 血压：＿＿＿＿＿mmHg

身高：＿＿＿＿＿cm 体重：＿＿＿＿＿kg

2. 主要阳性体征：

五、实验室及其他辅助检查

六、初步护理诊断

　　　　　　　　　　　　　　　　　　护士签名：
　　　　　　　　　　　　　　　　　　年　月　日　时　分

（广东医学院附属医院　邱丽清）